AF193797

CHRONOS

Mercedes Morales

Doña Mercedes

europa
ediciones

© 2025 **Europa Ediciones** | Madrid

www.grupoeditorialeuropa.es

ISBN 9791256960941

I edición: septiembre del 2025

Distribuidor para las librerías: **CAL Málaga S.L.**

Impreso para Italia por Rotomail Italia S.p.A. - Vignate (MI)

Stampato in Italia presso Rotomail Italia S.p.A. - Vignate (MI)

Doña Mercedes

A vosotros, que aunque no pueda tocaros, no os habéis marchado.

A los que nunca han dejado de creer en mí, a mis padres, por empujarme a ser mejor sin condiciones.

A mi compañero de viaje, que me ha dado alas para cumplir mi sueño.

Y a ti, mi pequeño, para que, si algún día tiemblas, recuerdes que el miedo se combate con valentía, amor y mucho esfuerzo.

Capítulo 1. Llegó el día

De pronto, el calor se tornó frío y el mundo que conocían desapareció. Sus propios amigos, sus vecinos, eran ahora extraños. Las miradas se habían vuelto distantes, ya no había saludos de cortesía en las calles.

Sus rutinas habían desaparecido, haciéndoles extrañar lo que muchas veces les habría parecido hasta aburrido. El ambiente incierto los embriagaba, distrayéndolos de los quehaceres más mundanos.

Desde hacía algunas semanas, el pueblo se había inundado de personas que eran hostiles con ellos sin apenas conocerlos. Gregorio, impasible, mantenía su rutina, y cada día preparaba su caballo para ir a trabajar al campo o a la tienda. Los días pasaban bajo la atenta mirada de los nuevos vecinos.

Las puertas del pueblo habían retumbado y un ejército de nuevos rostros había aparecido tras ellas. Se podía intuir en la mayoría de ellos la frustración e impotencia de no haber tenido elección. Agricultores, hombres de familia cuyas vidas habían sido transformadas a golpe de redoble en los umbrales de sus hogares. Los forasteros no tenían piedad ni vergüenza, eran hombres movidos por la rabia y la envidia.

Habían comenzado a ir casa por casa, exigiendo las armas y sometiendo a las familias. Los hombres del pueblo se resistieron, nadie les quitaría lo que es suyo, no sin antes pelear. Cada visita era más intensa, cada día más intimidante.

Gregorio seguía con su rutina: caballo, campo, tienda. Mientras Mercedes, su eterna cómplice, procuraba mantener la calma y los hábitos en casa como en cualquier otro comienzo de verano. Dominga, prudente, observaba. Aquella joven de 16 años, que por las mañanas disfrutaba sus lecturas, soñaba con hacer algo diferente en la vida: deseaba estudiar farmacia y, por qué no, ¡incluso ejercer! Inquieta, despierta y habilidosa, siempre dispuesta a ayudar con alguna labor, ya fuese coser, remendar, atender el ganado y el campo, o cocinar.

En aquellos días intensos, le costaba mantener sus costumbres, incluso se levantaba a escondidas a leer el periódico que, por fortuna o desventura, les llegaba a casa. Mercedes, a sabiendas de sus peripecias, la dejaba seguir leyendo, consciente de que no podría esconderle a su hija lo que estaba sucediendo. Sus ojos oscuros, rasgados y de pestañas infinitas, se clavaban en el texto, día tras día. Escondida en su rincón, absorta en el silencio más infinito, Dominga intentaba comprender como esta incertidumbre que movilizaba al país podría llegar a afectarles a ellos. A veces, se perdía en sus recuerdos, preguntándose si quizá nunca más volverían a disfrutar de las tardes de música y baile en casa, como solían tener con la banda musical de su padre y sus amigos. Ese pensamiento la abrumaba, pues ella disfrutaba mucho de aquellos momentos de esparcimiento viéndoles tocar, engalanándose con los vestidos que en muchas ocasiones ella misma se hacía con las telas que su familia vendía en la tienda que había fundado su abuelo al venir desde Alicante. Aquella imagen, lejos de reconfortarla, la inquietaba y rápidamente volvía a la realidad. En su escondite, observaba a su alrededor. Su padre y su tío hablaban entre ellos como siempre, pero en esta ocasión no parecían animados. Podía ver sus siluetas a lo lejos de la galería, portando su escopeta listos para salir al campo. Dominga tenía millones de dudas. ¿Era aquello el inicio de una guerra? ¿Qué sería de ellos? ¿Qué buscaban aquellos extraños que ahora irrumpían en sus casas? ¿Por qué se meterían con ellos, que eran una familia tranquila, trabajadora?

Ya no había carcajadas, el servicio había empezado a dejar de venir a trabajar, los niños ya no jugaban en la calle, ya nadie dormía. Todos sabían que algo estaba próximo a pasar.

Los vecinos se acercaban por la noche a escuchar la radio. Las pocas noticias eran confusas y muy contradictorias. El salón parecía aún más estrecho. Ahí, alrededor de la mesa, unos de pie, otros sentados, se agolpaban ansiosos y asustados. La luz que entraba por las ventanas de la galería se iba apagando lentamente y los murmullos cada vez más vigorosos se apoderaban de la estancia.

Mercedes, sentada en su butaca al lado de la ventana del corral, procuraba mantenerse ocupada, unas veces pretendiendo coser, otras contando cuentas del rosario, mientras dejaba furtiva que se le escapase alguna mirada al campanario de la iglesia.

Finalmente, llegó el día. Llamaron a la puerta para no dejarlos descansar más. Gregorio abrió firme e impasible.

—Entrega las armas o vendremos a por ti —le dijo el jefe de la milicia.

Gregorio miró fijamente a su mujer y les respondió pausadamente:

—No entregaré mis armas —y añadió, con firmeza— Pueden venir cuando quieran.

Entregar esas armas, que solo eran una herramienta de trabajo, hubiera significado rendirse, dar junto con ellas su propia libertad.

Sin decir nada más, ni dar opción a replica a aquel extraño, cerró la puerta y le dijo a Mercedes:

—Ha llegado el momento. Tenemos que estar preparados para lo que pueda pasar.

Mercedes, con ayuda de las muchachas, mandó llamar a su hermano Doroteo y al resto de hombres del pueblo. Ya nadie dormía. Era el momento de defenderse, de defender a sus familias.

Aquella noche, los hombres quedaron en la era, a la protección de la luna, como habían acordado semanas antes en la última noche de música y baile que tendrían.

—Mañana volverán, y esta vez será para llevarnos presos. Debemos defendernos, proteger a nuestras familias —dijo Gregorio.

—Hoy han venido a mi casa, exigiendo que me rinda y me una a ellos, o me matarán y matarán a mi familia —contó Aquilino.

—A mí también me han buscado —añadió Momo.

—A mi mujer la han tirado al suelo cuando iba a comprar con las muchachas —dijo Santos.

Gregorio los miró y pudo ver el desconcierto en sus ojos. Sabía que les pedía mucho, pero no mucho más de lo que cualquiera de ellos le hubiese pedido a él.

Se giró hacia Doroteo y le dijo:

—Cuñado, consigue las llaves de la torre del castillo. Hay que refugiarse ahí.

Mónico Gómez del Campo, quien era el tío de su mujer, Mercedes, y sacerdote del pueblo, dio un paso al frente. Con una voz profunda, tan profunda que casi parecía venir de otro cuerpo, dijo:

—Gregorio, pongo a disposición de los hombres libres y buenos del pueblo la casa de Dios.

Ya nadie dormía. Mercedes había acostado a los niños, con la falsa promesa de que mañana sería un día mejor.

Se arregló el cabello, se enfundó en su camisón de hilo y esperó a Gregorio sentada al lado de la ventana. Con el corazón en la garganta, apretaba entre sus manos un pañuelo con sus iniciales bordadas y se repetía a sí misma: está a punto de volver.

Los segundos parecían horas, el silencio era tal que daba miedo no haberlo sentido así nunca. El aire no se movía, los grillos no cantaban y ella apenas sí podía respirar. Cuántas veces rezó en silencio el rosario, cuántas veces pensó en salir a buscarle y no lo hizo. Cuantas veces no parpadeó para no perderse ni un ápice de tiempo, para no dejar de observar ni una sombra.

De pronto, vio una silueta a lo lejos. Ahí estaba él, caminando tranquilo, firme, con sus botas de montar y su escopeta al hombro. Ella saltó de su escondite y corrió a la puerta a recibirle. Sin mediar palabra, saltó a sus brazos. Solo quería llorar, pero sabía que no podía, ella debía de cargar con su propio peso, debía demostrar templanza.

Se fundieron en un abrazo eterno. Podía olerle el cuello y sentir el vello de la cara en su hombro.

Él la miró y le sonrió:

—¿No duermes, Mercedes?

Ella dejó de temblar, y le dijo, guasona, con una medio sonrisa:

—Yo no, ¿y tú?

Les sobraban las palabras, eran un equipo indestructible, cómplices en lo bueno y en lo malo. Ya nadie dormía en el pueblo, y ellos tampoco. Se cogieron de la mano; sabían que, si no había que dormir, no lo harían, pero hasta eso lo harían juntos.

La noche y su manto de estrellas dieron paso a la mañana. Gregorio, como cualquier otro día, madrugó. Caballo, tienda, campo. Nadie le arrebataría lo que tanto había peleado por construir y mantener. Pero esa mañana fue distinta. La puerta de casa ya no estaba abierta. Alguien llamó. Era Doroteo. Los cuñados se miraron, y Gregorio supo que era el momento. Dio media vuelta, sin pronunciar palabra, fue en búsqueda de su mujer.

—Mercedes, ¿dónde estás?

—Aquí Gregorio, con Dominga.

—Mercedes, escúchame. Cierra la casa, guarda víveres y protege a los niños. Hoy la milicia vendrá a buscarnos. —Se hizo un silencio, mientras Mercedes peinaba a su hija, sus ojos se clavaron—. Cuida de Águeda y del resto de las mujeres mientras nosotros faltemos, no dejéis que el campo ni la tienda deje de funcionar —le dijo Gregorio.

Mercedes solo asentía atenta, el aire se le había congelado en el pecho.

Gregorio continuó:

—Mercedes, no tengas miedo. ¿Tienes alguna duda?

Ella movió levemente la cabeza, afirmando que lo había comprendido todo. Pasaron solo unos segundos mientras todo su mundo se había parado. Se podía escuchar a Gregorio tragar saliva, bajo esa aparente tranquilidad, con un nudo en la garganta. Respiró hondo. Dispuesto a marcharse echó a andar, pero de pronto se frenó en seco y se giró hacia Mercedes que no había podido reaccionar aún.

Fue hacia ella. No le dijo nada, solo se puso en frente suyo y la miró a los ojos, esos ojos alegres que ahora estaban llenos de incertidumbre. La miró fijamente, y le dijo:

—Espérame esta noche, hay mucho trabajo en la tienda. Hay una oveja a punto de parir. Creo que dará buena leche, dale bien de beber, que va a hacer mucho calor hoy.

Ella no contestaba, solo le observaba.

—Si termino pronto hoy, podríamos salir a pasear por Mora. ¿Te apetece?

Ella no contestaba. Él tomó su mano con ternura:

—Te quiero Mercedes, nos vemos esta noche.

Ella le abrazo, le sonrió y le dijo:

—Que tengas un buen día, Gregorio. Aquí te esperamos.

Gregorio sonrió y gritó:

—¡Doroteo! Venga, vamos, que nos están esperando.

Se enfundó en sus botas de montar, cogió su escopeta de caza y una mochila con munición, pan, agua en una bota y salazones. Mercedes se dirigió a la puerta, ahí iban ellos, los cuñados, de semblante firme y serio, dos grandes amigos, socios y compañeros.

Ella lo sabía, sabía que en ese día no había nada más prioritario que lo que Gregorio le había encomendado, así que mandó llamar a Águeda y al resto de mujeres. Dominga corrió a buscar a su tía.

—Tía Águeda, ya se han ido, mi madre me manda para que te busque, no debes estar sola en la casa.

Águeda se preparó y mandó a las muchachas a casa con sus familias. Hoy el día se uniría a la noche.

Águeda agarró una bolsa de tela de saco que tenía preparada en el aparador, tomó la mano de Dominga y se la entregó, mientras con un susurro le decía:

—Dame un momento, necesito hablar con Justo.

Dominga cogió la bolsa, y esperó intrigada a que su tía saliese de la estancia. Su voz y su mirada penetrantes la desconcertaron.

La abrió y se quedó mirando el contenido intentando entender que podrían hacer ellas con aquello. Era la munición que su tío solía guardar en el armero.

Águeda alcanzó a Justo en el corral, el muchacho afanoso estaba entretenido en sus quehaceres, ajeno a lo que estaba sucediendo. Al verla, dejó en el suelo el cepillo y se aproximó a la que tantas veces lo había abrazado y consolado como una madre, aquella mujer siempre elegante, que en las siestas le enseñaba a leer.

—Señora Águeda, ¿está usted bien?

Águeda se esforzó por dibujar una sonrisa:

—Justo, ¿recuerdas lo que hablamos con Don Doroteo? —hizo una pausa mientras el muchacho asentía—. Hijo, ha llegado el momento.

No hizo falta mucho más. En silencio, Águeda le acercó sus manos. Justo se apresuró a limpiarse las suyas en los pantalones y las tomó. Respiraron hondo, tragaron saliva juntos, y se dieron un abrazo.

—No tema, señora Águeda, yo estoy aquí para cuidarla —aseguró.

Águeda, con un nudo en la garganta y conteniendo las lágrimas, lo apretaba contra su cuerpo tratando de controlar sus sentimientos. Lentamente se apartaron, aún sin soltarse. Ella le sonrió con los ojos vidriosos.

—Ojalá no hubiese tenido que pedirte esto nunca. Eres un hombrecito muy valiente —le acarició con ternura la mejilla—. Sé prudente. Nos vemos pronto.

Justo asintió. Águeda lo miró una última vez y deshizo su camino en busca de su sobrina.

Pronto estuvieron todas juntas. El corral lleno de animales, las habitaciones llenas de colchones, las galerías llenas de niños. La cocina funcionaba a pleno rendimiento: unas guisaban, otras remendaban, otras iban al pozo. Las había que lavaban y alguna se atrevió a ir a la iglesia a rezar. Todas hablaban, pero ninguna decía nada acerca de todo lo que estaban viviendo, era como si en esa conversación estuviese implícito lo que ninguna se atrevía a decir.

Empezó a caer la tarde, y se escuchó alboroto en la calle. Mercedes miró a su hija Dominga, se cogieron de la mano. Las mujeres se asustaron, los niños lloraron.

Dominga se levantó, y se acercó al salón:

—Debemos estar tranquilas —les dijo con templanza a las demás—. Hay mucho trabajo por hacer, no dejemos que el ruido nos distraiga.

Organizaron a los muchachos mientras fuera se escuchaban gritos y estruendos. Mercedes no se pudo resistir y salió a la calle. Vio a su tío Mónico que estaba en la puerta de la iglesia.

—Mercedes, no deberías estar aquí. Métete en casa.

—Tío, ¿está Gregorio ahí?

—Sí, hija, están todos ahí.

Ella dio un paso al frente, como aun autómata y observó impasible la escena. Decenas de milicianos armados rodeaban el castillo y un puñado de hombres dentro defendían su libertad con escopetas, palos y piedras. De pronto, lo vio a él, en lo alto de la torre y entendió que, si él libraba esa batalla, ella debía de librar también la suya. Se acercó a su tío, le besó en la mejilla y le dijo:

—Tío, que Dios te bendiga. Ven a cenar esta noche a casa, vendrán los hombres.

Mónico, perplejo, asintió y dijo:

—Allí estaré, hija. Que Dios te bendiga.

Era la hora de cenar, Mercedes puso la mesa. Habían mandado a descansar al servicio, pero muchas de ellas no se habían querido marchar. La casa olía a pan, a gachas y a rosquillas. La oveja aún no había parido, algunas mujeres habían traído tomates y calabacines del huerto, también patatas y pimientos. La cena estaba lista. Los muchachitos ya habían comido y estaban preparados para irse a dormir. El ruido atronador que había revuelto el día había terminado. Estaban todas allí, era todo silencio. Alguien llamó a la puerta. Las mujeres se miraron inquietas mientras Mercedes se acercaba a abrir. Era Mónico. Una mezcla agridulce de alivio y miedo se propagó por toda la casa.

Mónico miró a su sobrina; no tenía palabras, porque no las había. De pronto, cuando Mercedes iba a cerrar la puerta, algo la frenó.

Una mano grande, de dedos largos y fuertes sujetaba la puerta. ¿Era él? Empujó la puerta. Sí, era él, Gregorio.

—Te dije que me esperases para cenar —le dijo con una sonrisa.

—Claro que sí, pensaba que llegarías más tarde, pero ya estamos todos listos —contestó ella, controlando los millones de sentimientos, pero, sobre todo, reprimiendo el miedo que le había generado el verle en lo alto de la torre del castillo.

Empezaron a entrar los hombres, amigos, familiares y vecinos. Sucios, cansados y algunos malheridos. Las mujeres se apresuraron a recibir a sus compañeros. Unas lloraron, otras rieron… y ahí estaba Dominga, siempre observadora, viendo la imagen pasar delante de sus ojos con una mezcla de orgullo y miedo. Se acercó a su padre y le dijo:

—Papa, di de beber a la oveja, y hoy hemos estado dándole muchas atenciones, creo que parirá mañana.

Su padre la miró cariñoso y le acarició la mejilla:

—Gracias, hija, no dejes de atender a los que lo necesitan. Son momentos difíciles.

Esa tregua, en medio del caos, fue un respiro antes de volver a la realidad. Mercedes sentada al lado de Gregorio, riendo cómplices. Había sido un buen día, estaban todos juntos. Ya nadie dormía, pero estaba permitido no dormir porque era un día de celebración, de esos que todos sabían que no volverían a tener, o al menos no todos juntos.

Mercedes se levantó a la cocina, y mientras ordenaba la pila no pudo evitar recordar el día de su boda. Una boda soñada de la que se hicieron eco los periódicos de la época, porque era ella, la única hija de Saturnino —agricultor que gozaba de renombre en la zona—, la que se casaba con Gregorio, un apuesto joven emprendedor.

Aunque la boda había estado teñida de luto por la muerte de Natalia —la hermana de Gregorio que había fallecido al dar a luz a su hija Hortensia—, el dolor no les impidió celebrar la vida. Habían pasado ya 21 años desde aquel 24 de septiembre de 1915. Hoy no había cigarros ni ricos licores, pero la mesa sí estaba llena de amigos y familiares.

Mercedes se sonrió, habían vivido tantas cosas juntos… Con las manos aún mojadas, se asomó al pasillo: quería escucharles una vez más. Águeda se acercó.

—Águeda, ¿has visto que familia tenemos? —le dijo Mercedes mientras se secaba las manos—. Lo hemos hecho bien.

—Sí, cuñada, lo hemos hecho bien —le contestó mientras le cogía de la mano.

Estaban muy cansados, pero no querían dormir, así que acordaron ir a descansar por turnos. Gregorio salió al corral y se sentó en el suelo. Doroteo, que lo buscaba, lo acompañó, como lo había hecho desde que se habían conocido, y como lo haría siempre. Esa noche el cielo estaba despejado, hacía calor.

Ahí estuvieron hasta que llegó el momento de acompañar a sus esposas. Creo que era tanto el miedo de pensar que esa podría ser la última noche que se resistían a que se terminase.

Se había hecho muy tarde, Gregorio se levantó y le tendió la mano a su cuñado.

—Vamos Doroteo, no las hagamos esperar más.

—Descansa, Grego.

Después de aquella noche fueron muchas las que no volvieron a estar juntos. Para muchos de ellos, esa fue la última. Volvieron a la fortaleza donde pasaron varios días y varias noches. Cada vez tenían menos munición, cada vez ellos eran menos.

Cuando la esperanza estaba a punto de perderse, algo cambió. Dominga vio a Justo en la puerta de su tía Águeda y su tío Doroteo. Vestía las ropas sucias y estaba visiblemente alterado. Al darse cuenta de que Dominga lo estaba mirando, no supo qué hacer, y desconcertado intentó echar a correr.

—¡Espera! Soy Dominga, la sobrina de Águeda y Doroteo —le dijo ella.

Justo se paró en seco, se giró muy lentamente y le hizo una seña mientras susurraba:

—Me están persiguiendo...

Dominga se apresuró a abrir la casa de su tía para ayudarle a esconderse dentro, sabía que los milicianos estaban intentando reclutar hombres jóvenes, y él no sería mucho más joven que su hermano Isidro. Si venían a por él, solo sería cuestión de tiempo que la puerta de la casa volviese a tronar, aunque en el caso de Isidro posiblemente no sería para reclutarle. Sea como fuere, tenía que ponerle a salvo, y no lo podía llevar a casa, no podía poner en peligro al resto de las mujeres.

—Pasa, pasa, corre. Aquí estarás a salvo —le susurró.

—Señorita Dominga, necesito hablar con Doña Águeda, tengo algo muy importante que decirle.

—Justo, no te puedo llevar a mi casa, pero voy a organizar un encuentro con mi tía, te traeré ropas limpias y algo de comida.

—Señorita Dominga, no se demore, lo que ella necesita saber es de vital importancia.

Dominga se recompuso, agarró un cesto con telas y se apresuró a la casa. Si alguien sospechase algo, siempre podría decir que había ido a recoger telas para remendar algún ropaje. Vivían a escasos 50 metros, hacía mucho calor, le faltaba el aire. En medio del trayecto se encontró con dos milicianos, pero en esta ocasión no eran dos desconocidos, estos eran dos jóvenes con los que se había criado, vecinos y amigos de toda la vida. ¿Cómo podía ser? Ella no lo entendía, ¿de dónde había surgido tanto odio? Sus miradas se cruzaron, no hubo saludo, no hubo ningún gesto cortes. Un escalofrío le recorrió la espalda. Tenía que llegar a casa lo antes posible, así que los obvió.

Cruzó el umbral y buscó a su madre y a su tía. Su madre estaba en la cuadra, la oveja por fin estaba pariendo. Cuando llegó tan agitada, Mercedes la miró perpleja y le dijo:

—Mira Dominga, ¡ya la tenemos aquí! ¿Me ayudas a limpiarla?

Dominga no la escuchó, no podía, estaba nerviosa.

—Mamá, mamá, ¡mamá!

Mercedes se quedó muy sorprendida, nunca había visto a su hija así. Se giró a una de las vecinas y le pidió que siguiese ella. Se levantó y, mientras se limpiaba las manos en la pila del corral, le dijo:

—Dominga, ¿estás bien? ¿Te han hecho algo?

—No, mamá, necesito saber dónde está la tía Águeda, necesito que hablemos con ella.

Fueron a buscarla al palomar: la última vez que la había visto estaba dando de comer a las palomas y recogiendo huevos. Estaba todavía allí y cuando vio los rostros de Dominga y Mercedes supo que algo pasaba.

Se apresuraron a ir al despacho de Gregorio para hablar con calma, allí nadie entraría.

—Tía, he encontrado a Justo muy agitado en la puerta de tu casa —se hizo una pausa para coger aire—. Necesita hablar contigo urgentemente. Le he escondido en tu casa, pero lleva varios días sin comer, está sucio y asustado.

Mercedes la miró intrigada y Águeda suspiró y comenzó a explicar:

—Antes de venir aquí, mandé a Justo a Mora a cargar munición. Si los hombres no tienen suficiente, no resistirán. Tenemos que conseguir llevársela.

—Águeda, pero ¿cómo lo vamos a hacer? —indagó Mercedes.

Águeda se quedó pensativa. Era muy arriesgado, las vigilaban estrechamente, incluso dentro de la casa debían de ser prudentes ya que algunas de las mujeres eran familia de algún miliciano. No podían dar un paso en falso.

—Mercedes, necesito papel, pluma y tinta. ¿Dónde lo tiene Gregorio? —dijo Águeda.

Mercedes abrió el escritorio de su marido, y cogió lo que su cuñada le había pedido. No tenía muy claro lo que Águeda pretendía, pero sabía que no podían esperar a la noche. La dejó mientras escribía y fue a buscar a Dominga. Había tenido una idea. Cogieron una espuerta grande de las de vendimiar y subieron a la cámara.

Dominga siguió a su madre sin preguntar. Entraron en la cámara del fondo, donde se guardaban los embutidos y los quesos que estaban madurando, la dejó en el suelo y le dijo a Dominga:

—Coge todos los quesos que puedas. Cuanto menos curados, mejor.

Ambas se pusieron a llenarla, hasta que no entró nada más. Entonces Mercedes le dijo:

—Dominga, busca a tu hermano Gregorio y trae una muda de Isidro. Diles que vengan, ¡corre!

Dominga preparó la muda y buscó a Gregorio y a Isidro, que en aquel entonces debían de tener 12 años y 18 años respectivamente. Los tres hermanos subieron a la cámara donde su madre los estaba esperando.

—Mama, ¿qué pasa? —dijo Isidro.

—Hijo, necesitamos vuestra ayuda. Ayuda a Gregorio a vestirse con tus ropas y ponle encima las suyas. En casa de la tía Águeda y del tío Doroteo hay un muchacho, Justo, tiene algo importante que decirle a la tía. Necesitamos llegar a la casa sin levantar sospechas.

—Madre, yo voy, déjame que yo la acompañe —dijo Isidro.

—No, hijo, Gregorio aún es un crio, a él no le harán daño. Tú ya eres un hombre y contigo no tendrán la misma benevolencia.

Se miraron entre ellos en silencio, sabían que eso era verdad y que era solo cuestión de tiempo. Isidro bien podía ser el siguiente, ya tenía 18 años, edad con la que otros hombres ya se habían ido al frente, pero él era el primogénito, no podían arriesgarse.

Hasta aquel momento nadie había dicho en voz alta lo que ya todos sabían: si Gregorio padre moría, y la guerra se perdía, sería la ruina para la familia. Pero sería aún peor si llevaban presos a sus hijos. Así que los hermanos se prepararon, vistieron a Gregorio y bajaron la espuerta. Pesaba mucho, pero él tendría que poder con ella.

Mercedes volvió al despacho de su marido, ahí estaba Águeda cerrando el sobre con lacre. Se guardó el sobre en las enaguas y cogió el cesto que había traído Dominga de su casa. Cuando vio a su sobrino Gregorio, vestido y cargado con la espuerta, entendió el plan.

Se apresuraron a la puerta de la entrada, eran escasos 50 metros, pero aquellos forasteros no les perdían de vista. Habían pasado varios días desde aquella última cena, cada vez estaban más debilitados y tenían menos munición. Las mañanas eran tranquilas, y era al caer la tarde cuando el enfrentamiento se avivaba. Pero a Águeda poco pareció importarle, estaba determinada a llegar a su casa. Dominga estaba inquieta, temía que, si les paraban, su hermano pequeño no supiese reaccionar, así que se acercó a su tía, y le dijo:

—Tía, yo os acompaño. No hay más que hablar.

Águeda asintió y Dominga ayudó a su hermano a cargar. Hacía mucho calor, iban avanzando, cada vez estaban más cerca de la casa. De pronto, se escuchó:

—Dominga, ¿dónde vas con tanto peso? —dijo un muchacho.

Ella reconoció la voz, era Marcial, compañero de su hermano Isidro de la escuela.

Corrían rumores de que se había afiliado a la milicia. Dudó por un momento y le dijo, serena:

—Buenos días, Marcial, ¿cómo estás? Pues sí, la verdad es que pesa. Mi hermano pequeño me está ayudando. ¿Nos podrías ayudar? Estamos llevando estos embutidos a casa de mi tía y estos quesos, se nos ha roto una parte del tejado y tememos que si llueve se pueda estropear.

Dominga le hizo un gesto con la mano, pidiendo ayuda. Marcial, perplejo no supo cómo reaccionar ante aquella demostración de naturalidad. Ella no le tenía miedo. ¿Cómo podía ser?

Se acercó a ella, casi tanto que podía notar su respiración y le dijo:

—¿Dónde está mi amigo Isidro? Hace tiempo que no lo veo.

Ella se acercó más todavía y clavándole la mirada respondió:

—¿Dónde crees que está? Cuando quieras puedes venir a jugar a las cartas y tomar café, ya lo sabes, mi casa siempre ha sido tu casa, mi familia, tu familia —hizo una pausa, dio un paso a un lado, le miro más relajadamente y concluyó—. Entonces qué, Marcial, ¿me ayudas o no? Que esto pesa mucho y hace mucho calor.

Marcial se echó al hombro la escopeta y sin rechistar le hizo un gesto a su compañero, como ordenándole que siguiese con sus labores. Cogió la espuerta y la llevó hasta la puerta de la casa. Águeda estaba nerviosa, ¿y si quieren entrar? Ya estaban allí, no tenían más opción que arriesgarse. En el umbral de la puerta, Dominga, siempre amable, apartó la cortina.

—Marcial, ¿nos podrías ayudar a subirlo a la cámara? El pasillo es estrecho y entre mi hermano y yo no podemos moverlo bien.

Marcial asintió, cruzó el umbral de la casa, observador, atento a cualquier indicio de movimiento, recorrió las galerías hasta la cámara. No parecía haber nadie.

Águeda aguantaba la respiración de la mano del pequeño Gregorio, mientras Dominga lo acompañaba a la cámara.

—Mira, ahí Marcial. Por favor, déjamelo en esta mesa. Ya me encargo yo ahora de colocarlo. Muchas gracias.

Dominga ayudó a Marcial a acomodar la espuerta. Brevemente sus manos se rozaron, por un momento ambos sintieron que estaban en los tiempos de antes y no los tiempos de ahora. Fue un segundo, pero sintieron que eran las mismas personas que un día habían bromeado jugando a las cartas, o que habían saltado en el río. Pero esos ya no eran ellos.

En silencio, y como si de un último deseo se tratase, se acompañaron mutuamente, era el momento de despedirse de sus recuerdos. Él dejó de observar, mientras visualizaba una última vez lo que había sido la vida hasta ese momento, y ella rezaba porque, si llegaba el momento en el que la puerta de su casa volviese a tronar, recordase ese instante. Llegaron a la puerta; ahí seguía Águeda de la mano de Gregorio, como si de dos estatuas se tratase. Dominga volvió a retirar la cortina de la puerta y le abrió paso. Le miró fijamente a los ojos y le sonrió. Todo en ella le sonreía.

—Gracias, Marcial, has sido de gran ayuda. Le diré a mi hermano que te pasaras a jugar a las cartas. Avísame para que preparemos café y algún dulce, ya sabes que a mi madre le gusta tenerte en casa.

Pudo notar como algo dentro de él se rompía. Isidro había sido un hermano para él, pero ambos sabían que esa partida de cartas nunca llegaría. No contestó, se atusó levemente el sombrero, se giró hacia Águeda y, antes de marcharse, dijo:

—Señoras, que tengan un buen día.

Dominga le vio marchar, lentamente, apesadumbrado, como si supiese que aquello no tenía sentido, que esa guerra no era con ellos. Al llegar a la esquina de la calle miró hacia atrás: ella aún lo observaba, dejando que la nostalgia hiciese su parte. Ese era el adiós a un amigo que se marcha para no volver jamás.

Cerró la puerta y se apoyó contra ella. Respiró, respiró muy profundo. Se había contenido, había mantenido la calma, no sabía cómo, pero lo había conseguido. Su tía estaba asombrada de la sangre fría de su sobrina. No mediaron palabra, las dos eran conscientes de que aquello que acababa de suceder, era solo el principio y que esta no sería la última vez que tendrían que improvisar.

Dominga se agarró la falda y salió corriendo al corral. Águeda y Gregorio la seguían. Corrió a las cuadras, donde su tío guardaba los caballos y con voz baja, casi un susurro, empezó a llamar a Justo:

—Justo, puedes salir, está aquí mi tía Águeda.

Nadie respondía, se empezó a asustar. ¿Se habría marchado?, ¿le habría pasado algo? Cuando estaba a punto de elevar la voz, vio unos pies: eran los de Justo. Se le encogió el corazón y de un salto corrió hacia él. Estaba en el suelo tumbado, inmóvil, parecía un muñeco de trapo. El pobre muchacho estaba tan cansado que había caído en un sueño profundo. Las mujeres se miraron aliviadas, estaba bien. Fue entonces cuando Gregorio se acercó y se sentó a su lado, sacó del bolsillo unas tabas, y le dijo muy bajito:

—Justo, amigo, he traído las tabas. ¿Jugamos?

Justo abrió los ojos muy despacio, primero asustado, y poco a poco, más aliviado. Entonces Águeda no se pudo contener y lo abrazó.

—Justo, ay Justo, qué susto nos has dado. ¿Estás bien? ¿Te han hecho algo? ¿Por qué no te has echado en la casa?

—Señora Águeda, no sabe cómo me alegra verla. Tenía mucho miedo, Mora ya no es lo que era, pero he conseguido ayuda.

Se abrazaron fuerte.

—Cuéntame, ¿te han hecho algo?

—No señora, he conseguido pasar desapercibido, pero en Mora están pasando muchas cosas. No deben de ir a la tienda. Conseguí ayuda con mi amigo Tomás, el hijo de la Dolores, los de la tienda de la plaza. Tomás me ha conseguido munición, la hemos enterrado juntos para que no la encuentren los milicianos. Pero, señora, ayer, cuando fui a pagarle... —a Justo se le encharcaron los ojos y le empezó a temblar la voz—. Ayer cuando fui, no pude pagarle señora.

—Pero Justo, ¿cómo no pudiste pagarle?

—No señora, no pude. Ni usted va a poder.

Se hizo un silencio, él se tapó la cara. Era atroz ver a aquel joven, sucio y enclenque, limpiarse los ojos con las mangas de su camisa.

—Dominga, alcánzame la bota de agua. Justo, tienes que beber y comer algo —dijo Águeda.

—Señora, los han matado a todos, los han asesinado.

Aquello cayó como una sentencia. *Los han matado a todos. Los han asesinado.* Águeda, siempre impoluta, siempre bien compuesta, se rompió e hincó las rodillas. Apoyó las manos en el suelo y se le perdió la mirada, un dolor muy profundo se le alojó en el pecho, casi no podía respirar. Justo le agarró la mano con una mano y con la otra le levantó la cara.

—Señora, los milicianos que habían estado comprando en la tienda, y ya tenían una cuenta bastante hermosa, decidieron no pagarla. Tomás me contó que hacía unos días su padre le había pedido a uno de los jefes de la milicia que le saldasen la cuenta. El jefe de la milicia se rio de él y lo tiró al suelo en la plaza. Ayer los mandaron a buscar, a todos, el padre y la madre de Tomás, sus cinco hermanos y a él. Una vecina de la tienda que lo vio, vio cómo les decían que así ya no habría nada que saldar con nadie si no quedaba nadie al que deberle dinero. Ayer los fusilaron en la tapia del cementerio de Mora. Los han tirado a un agujero, Señora Águeda.

Aquel muchacho no podía contener las lágrimas y ella lo abrazó. Lo había criado como un hijo suyo, ya que ella no había podido tener hijos propios.

Dominga le hizo una seña a Gregorio para que se quitase la ropa limpia de Isidro, y se acercó al baño para prepararle una ducha. Justo se levantó y ayudó a Águeda a incorporarse. Se acercaron a la cocina; él llevaba días alimentándose con un mendrugo de pan, estaba muy débil y necesitaba descansar, pero sabían que el tiempo jugaba en su contra: los hombres de la familia estaban en la torre del castillo y cada vez tenían menos munición y menos víveres. Era el momento de actuar.

Justo se bañó y comió. Los demás le esperaron pacientes en la cocina. Águeda avivó el fuego y le preparó unas gachas: tenía que comer caliente por un día. Una vez bañado y con el estómago lleno, se calzó sus botas de montar y dijo:

—Señora, estoy listo para salir a hacer lo que sea necesario.

Águeda, enternecida, se le acercó y le dijo:

—Hijo, nos ayudas más manteniéndote a salvo. Vamos a localizar la munición y después veamos cómo podemos ayudar a nuestros hombres.

Dominga en ese momento se dio cuenta de que el plan que tenían debía cambiar, no podían llevarles la munición a los hombres porque estaban encerrados. Así que le dijo a su tía:

—Tía, debemos volver a casa. Justo, ¿tú crees que puedes conseguir traer la munición esta noche? Dime que necesitas.

—Señorita Dominga, claro que sí, solo necesito un burro para cargarla. Iré por los caminos que me enseñó Don Gregorio, por ahí no me encontrarán. ¿Se la llevo a casa?

—No, Justo, espéranos, vamos a hablar con mi madre y prepararemos el plan.

Antes de irse, Águeda le entregó una carta a Justo:

—Justo, guárdala, si pasa algo, ábrela y sabrás que hacer.

Cogieron la espuerta vacía y volvieron a casa ante la atenta mirada de los vecinos, pero, sobre todo, bajo la atenta mirada de los nuevos.

Capítulo 2. Un burro, una carta y una huida

La noche se acercaba y el burro estaba preparado con sus alforjas. Mercedes se apresuró a buscar a su tío Mónico, cruzó el portón de la casa y, sin dudar, con el paso firme que la caracterizaba, se dirigió a la Iglesia. Los hombres la observaban desafiantes, pero ella obvió las miradas. Tenía una misión y solo había una persona que podía ayudarla; debía encomendarse a Dios.

Entró en la Iglesia y en el altar pudo intuir una silueta: era su tío que, arrodillado y sumido en sus pensamientos, no escuchó la puerta. Después de varios días de enfrentamientos, ya se había acostumbrado al estruendo.

Mercedes se arrodilló, se santiguó y respiró por un momento. De pronto, una sensación de paz recorrió todo su cuerpo. Levantó la vista: las paredes no lucían las flores frescas que acostumbraban, los candiles estaban tenues, como si supiesen que ellos también tenían que ser discretos. El perfume del incienso había dado paso a un intenso olor a pólvora y alquitrán.

Mónico se levantó y, al verla rezar, bajó del altar pausadamente, como si no quisiese perturbar la intimidad de ese instante. Se sentó en el banco y la acompañó en el rezo, primero en silencio, después con voz tenue. Se agarraron de la mano y ambos comenzaron a rezar en voz alta.

—Dios, dame fuerza. Dios, no los dejes solos. Si esto es lo que tienes preparado para nosotros, si éste es nuestro camino —con voz rota, temblando y con los ojos llenos de lágrimas, Mercedes continuó—, si este es nuestro camino, lo recorreremos con dignidad.

Se hizo un silencio que duró un momento que pareció una eternidad. Por primera vez Mercedes dejó brotar las lágrimas, por primera vez buscó el consuelo y la misericordia de la fe mientras Mónico, en silencio, simplemente, la acompañaba en su incertidumbre, en su dolor.

Miró al suelo, tomó aire, y se levantó. No había tiempo para lamentos, su marido no lo tenía y ella debía de hacer lo que estuviese en su mano. Siempre habían sido un equipo, el mejor de los equipos.

—Tío, necesitamos tu ayuda —su rostro enrojecido de las lágrimas solo trasmitía bondad—. Necesito pedirte algo, es muy arriesgado, pero es la única solución que vemos posible. Entenderé que no aceptes mi petición.

Mónico sonrió y le dijo:

—Sobrina, dime qué necesitas.

Ahí estuvieron un largo rato, hablando de lo humano y lo divino; repasando el plan, las preguntas, las respuestas. Los dos sabían que, si salía mal, saldría mal para todos ellos, incluido Mónico.

Mercedes volvió a su hogar y reunió a las mujeres de la casa; se dijo a sí misma que debía llamar solo a las que no eran sospechosas de poder filtrar sus planes, a las que sabían guardar un secreto, a las que, a pesar de no estar listas, darían un paso adelante. Pero tenía mucha suerte, pues esas eran todas.

—No tengáis miedo, Dios está con nosotros. Mi tío Mónico pasará a confesar hoy a todas las que quieran hacerlo. Quiero acercarle cuantas más biblias mejor a nuestros hombres, y él se ha ofrecido a hacerlo a pesar del riesgo que esto supone —se hizo una pausa—. Aprovechar para marcar vuestra biblia, si queréis mandarles algún mensaje de afecto a vuestros familiares.

Las mujeres observaban y asentían, ninguna preguntó, ninguna de ellas mostró disconformidad. Eran tiempos difíciles, y ellas eran la única familia que les quedaba.

Cada una se apresuró a recopilar su biblia, unas metieron una fotografía entre las páginas para marcar algún pasaje, otras añadieron un pañuelo o una carta. Acariciaron sus tapas, las abrazaron, las besaron con la esperanza de que pronto pudiesen hacer lo mismo con sus seres queridos.

Estaban nerviosas; Mercedes y Águeda intentaban organizar tareas y mantener la tranquilidad. Una de las mujeres de confianza se acercó a ellas y les dijo:

—Señora Mercedes, hace ya varios días que nadie pasa por la tienda en Mora. Nos ha llegado un mensaje de la cajera, dice que no están recibiendo más mercancía. ¿Quiere que me acerque con el carro y la mula y les ayude?

Ellas, impasibles, ni se miraron, sabían lo que no debían de decir. Entonces Mercedes le contestó:

—Encarna, no se preocupe. Tengo previsto acercarme yo a finales de la semana, le agradezco el ofrecimiento.

Se le encogió el estómago de pensar que podrían correr la misma suerte que aquella familia de Mora. Gente trabajadora y buena, a los que conocían bien porque muchas veces se habían apoyado en los negocios.

Mientras doblaba las sábanas de su habitación, de pronto recordó el día que conoció a Gregorio.

Ella había ido a Mora a ver a sus primas. Tenía que comprar telas para unas toallas y vestidos, así que sus primas la llevaron a "La Casita Azul", una mercería propiedad de un joven alicantino que recientemente se había afincado allí. Después de comprar, como siempre, fueron a la Iglesia y a pasear por la plaza, donde había un negocio muy popular entre los jóvenes casaderos de la época para tomar café.

Allí, mientras Mercedes y sus primas tomaban la merienda, un grupo de jóvenes las miraban muy interesados. Entre ellos había un rostro nuevo: un hombre espigado, de manos grandes y dedos largos, moreno, de nariz afilada y ojos de un negro intenso. Estaba bien vestido, con traje y sombrero de sastre de corte moderno, de pose erguida y gesto serio. Ese era él, Gregorio Lillo, el alicantino. Mercedes había captado su atención. Ella llevaba un vestido con un delicado estampado de flores, el pelo suelto y arreglado y, en las manos, guantes de muñeca en color azul cielo. Siempre alegre y jovial, no pudo evitar sonrojarse al ver que él la observaba. De reojo, le volvió a mirar.

Sus primas se habían dado cuenta y susurraban:

—Merceditas, parece que alguien se ha fijado en ti —le decían a modo de broma.

Ella no contestaba, estaba demasiado ocupada jugando al escondite. Entre risas, ella dijo:

—Señoritas, creo que ha llegado el momento de volver a casa.

Se levantó muy digna, se acercó a la puerta del local, clavó sus ojos en él y, con una sonrisa sutil, le saludó:

—Buenas tardes, caballero.

Él se desmarcó del resto del grupo, le tendió la mano y, con un gesto cortés, le dijo:

—Buenas tardes, señorita. Es usted Mercedes Gómez del Campo, la hija de Saturnino, ¿verdad?

Ella, sorprendida, le dio la mano y le dijo:

—Sí, efectivamente. Y usted es el alicantino Gregorio Lillo, ¿verdad?

Él sonrió por primera vez:

—Veo que ya nos han presentado. Espero verla por la tienda o por el café en algún momento.

Mercedes retiró su mano con un gesto coqueto y simpático y le contestó:

—Seguro que así será. Al final, en estas tierras no es difícil encontrarse. Que tenga buena tarde, Don Gregorio —se giró al resto del grupo que acompañaba al hombre y les saludó—. Buenas tardes, señores.

Le latía tan fuerte el corazón que se le salía del pecho.

De pronto, Mercedes se dio cuenta de que estaba soñando despierta, y fue consciente de que, desde aquel mes de junio de 1914, habían pasado muchos años. Entonces ella tenía 19 años y él 24. En estos 22 años habían cambiado muchas cosas. Ahí estaba ella ahora, doblando las sábanas limpias, pensando en que desde aquel día no había dejado de latirle el corazón con fuerza.

Alguien llamó a la puerta: era su hija Dominga.

—Mamá, ¿puedo pasar?

Mercedes abrió la puerta sin contestar, aún se estaba recuperando de ese momento de gozo que le había provocado sumergirse en lo único que no les robarían jamás: su historia.

—Mamá, ha llegado Mónico, hay que preparar el burro.

Mercedes dejó las sábanas y salió a recibir a su tío. Preparó una habitación al lado de la sala de costura para dar más intimidad.

—Dominga, ven, llama a la tía Águeda y a tus hermanos.

Mientras las mujeres pasaban una tras otra a confesarse, allí estaban ellos preparando su plan. Estaba a punto de caer la noche; Águeda se calzó y salió dispuesta a ir a su casa, sabiendo que la pararían, pero poco le importaba porque estaba decidida a cumplir su parte.

Los demás cargaron las alforjas del burro con biblias y, cuando Mónico estuvo listo, les dio el aviso: era el momento.

Salió con las riendas en una mano y un rosario en la otra. Mercedes dudó por un segundo si acompañarle, pero algo le salió de dentro y cerró la puerta tras de sí. Debía ir con él. Los milicianos, sorprendidos al ver tanto movimiento, observaban. Águeda se apresuró a llegar a la casa. Entró con urgencia y sin descansar se dirigió al corral. Sabía que Justo estaría escondido allí.

Al verla, se sobresaltó:

—Señora, ¿qué hace aquí tan tarde? Es peligroso.

Ella, con ternura, le dijo:

—Hijo, ha llegado el momento.

Él asintió.

—¿Y cómo lo hacemos?

—Te he preparado una escalera y varios metros de cuerda. No puedes salir de la casa por la puerta, deberás hacerlo por los tejados. Cuando llegues a la ermita al final de la calle, descuélgate por la fachada de la casa de Aurelio. Solo tendrás que esconderte unos pocos metros hasta el camino. ¿Crees que lo podrás hacer?

—Claro, señora. ¿Y el burro?

—El burro estará en el camino a medianoche en punto. Sabrás que es el momento porque sonará el campanario como todas las noches. Espera unos minutos y, si no han aparecido, escóndete —se hizo una pausa—. Si eso sucede, será que no lo hemos conseguido.

Justo sonrió con inocencia.

—Señora Águeda, todo va a salir bien.

Se dieron un abrazo, como el que le da una madre a un hijo antes de partir a un largo viaje. Quizá, el último que se darían.

Mientras, a escasos metros, Dominga miraba a través de la ventana. Habían escondido a Isidro en una de las cuevas de la casa que comunicaba con la de los vecinos, solo la familia cercana conocía ese rincón. Le habían dado suficientes botas de agua y comida como para que pudiese aguantar sin problema varios días. Desde su escondite solo se oía el retumbar de su respiración y el agua correr entre las piedras de los muros.

Gregorio, el hermano pequeño de Dominga, también estaba listo para cumplir su función. Todos estaban atentos a la señal de Mercedes.

Cruzó la plaza. Llevaba un vestido marrón y el pelo recogido; a la luz de la luna, su silueta era imponente. Caminaba al lado de su tío, sin prisa, pero con determinación, nadie la frenaría de su objetivo. Los milicianos los observaron, desconcertados, sin saber que hacer, a la espera de alguna orden. Ahí estaba ella, una mujer sin más armas que su propia dignidad, caminando en medio de tanta hostilidad.

Gregorio, que estaba en lo alto de la torre, de pronto la vio y dio el alto el fuego. No entendía qué hacía su mujer ahí, no entendía qué hacía su tío Mónico ahí, no entendía qué llevaban en el burro. Pero él sabía que si ella se proponía algo lo conseguía. Eran muchas las ocasiones en la que se habían reído cómplices de su perseverancia.

De pronto, un extraño la abordó, ella no lo conocía, él tampoco a ella personalmente:

—Señora, alto. ¿Dónde se cree que va?

Ella, tranquila, respondió:

—Buenas noches. Mi nombre es Mercedes Gómez del Campo, hija de Saturnino Gómez del Campo, casada con Gregorio Lillo, hermana de Doroteo Gómez del Campo. Disculpe, ¿con quién tengo el placer de hablar? No le conozco.

El miliciano la increpó:

—Así que eres la futura viuda de Gregorio Lillo.

—Viuda o no, vengo a entregarles a los hombres del pueblo unas biblias para ayudarles a reconfortar sus almas. Espero, por humanidad, que usted no impida a un siervo de Dios —se giró haciéndole un gesto a su tío Mónico— cumplir la voluntad de sus mujeres. Si su destino ya está marcado, permítanles hacerlo con el calor de sus familias.

El miliciano esbozó una sonrisa de desprecio y triunfo, dio un paso al lado abriéndole camino y espetó:

—Alto el fuego, déjenles pasar.

En medio de los milicianos había rostros conocidos de amigos y vecinos que la observaban perplejos. Mientras ambos caminaban a la puerta del castillo, el pequeño Gregorio escapó de la casa para cumplir con su objetivo, corrió todo lo rápido que pudo hasta que llegó a su escondite y esperó paciente.

Mónico empezó a descargar las alforjas, Mercedes cogió varias biblias, se levantó el vestido y subió las escaleras. Al otro lado de la puerta estaba él con su penetrante mirada. Ella miró a su alrededor, vio hombres cansados, pero no vio a ningún hombre rendido.

Entró en el castillo, se abrazaron, se besaron. Él le acarició el pelo, ella le tomó por las mejillas. Nadie hablaba. Mónico repartía las biblias, mientras Mercedes se sacaba una carta arrugada del bolsillo. Mientras le abrazaba le susurró:

—Léela, tenéis hasta las once y tres cuartos —lo miró una vez más—. Te veo en el otro lado del muro.

Esa era la fuerza que necesitaban, una mano que se tiende, un respiro en medio de tanto caos.

Era una noche estrellada. Corría una suave brisa de verano, pero este año no era como los anteriores: no había nadie en las calles, no estaban los vecinos en sus corrillos sentados al fresco después de haber cenado comentando el día. Esta noche reinaba el silencio.

Mercedes bajó las escaleras, Mónico ya la esperaba abajo con las riendas del burro en la mano. Con la misma serenidad que cruzaron la plaza, deshicieron sus pasos. Aquel miliciano sin nombre se acercó a ella y le dijo en un tono entre intimidatorio y burlón:

—Espero que se hayan despedido de ellos, porque si salen de ahí, no será para volver a casa.

Ella, muy serena, le contestó:

—Puede quedarse tranquilo, lo que tenga que venir será entre ustedes y Dios.

Se giró al resto de los hombres que la miraban atentos y sentenció:

—Que tengan una buena noche, señores.

Su silueta se fundió con las sombras, oscura, majestuosa. Gregorio la observaba desde la torre lleno de orgullo, aún con la carta en las manos. Dominga, que estaba en la ventana, solo podía sujetar el rosario, casi no podía respirar de la tensión. Mónico se paró en la entrada de la casa; su camino era otro, no se debía de demorar. Aprovechó el momento: todos los hombres estaban en la plaza saboreando lo que para ellos era una victoria, sin saber que, para Mercedes y para todas las mujeres de la casa, el verdadero triunfo era haber conseguido llegar hasta allí.

Mónico, sin mediar palabra, sin apenas mirarla, prosiguió su camino, debía pasar desapercibido. Riendas en mano, callejeó por las calles más oscuras, hasta que la silueta de ambos se perdió. Se aproximaban las once de la noche, cada vez les quedaba menos tiempo, Águeda y Mercedes siguieron cocinando como si de un día cualquiera se tratase. Dominga entretenía a los niños más pequeños, mientras las demás mujeres ponían la mesa y preparaban todo para una noche larga e incierta. Ni Gregorio hijo ni Isidro estaban en la casa, pero nadie preguntó.

Mientras tanto, la milicia cantaba y bebía, era una noche de fiesta para ellos, sentían el triunfo próximo. Aquel miliciano de voz profunda y mirada oscura, un forastero que había llamado mil veces las puertas de los vecinos, se sentó mirando a la casa de Mercedes y Gregorio y, en ese instante, decidió que esa casa sería suya. Todo lo que ellos habían construido a fuerza de trabajo, pasaría a sus manos.

Gregorio se sentó a solas a la luz de un candil y abrió delicadamente el lacre rojo con el escudo de la casa. Tomó fuerzas por un segundo antes de comenzar a leer:

Querido Gregorio,

Ya son muchos días sin ti, sin vosotros. No desistáis, nuestros pensamientos os acompañan. Tus hijos están a salvo, pero no sé por cuánto tiempo. Debéis salir de ahí esta noche.

En el forro de la biblia está la llave de las cuevas del castillo, mi Tío Mónico la tenía guardada en la iglesia. Esa cueva os llevará tres casas al este; es la casa de "los pajaritos" que entregaron las armas, pero no son afines a la milicia. Llevamos muchos días sin verlos; Doña Eulalia cree que se han ido hace unos días a casa de unos primos que tienen en Aranjuez después de que entregasen las armas, así que la casa debería de estar vacía. No sabemos si la salida estará tapiada o cerrada de algún modo, pero debéis intentarlo.

Debes ser cauteloso, al otro lado te esperará tu hijo pequeño Gregorio, y os acompañará hasta el camino del monte. Él debe volver a casa esta noche; oblígale, porque querrá irse contigo.

A la entrada del camino os espera Justo. Estará escondido con un burro que cargará en las alforjas munición traída de Mora. Justo debe volver, es joven, por favor, asegúrate de que lo haga con el niño.

No voy a despedirme con esta carta, no voy a despedirme porque nos veremos pronto, en este o en otro lado. Pero sí quiero que sepas que ha sido una vida maravillosa. Siento orgullo de nuestros hijos, de nuestra familia. Dale un abrazo a mi hermano Doroteo y dile que su mujer nos acompaña en todo momento, que está siendo muy valiente y le extraña.

Vuelve pronto con nosotros

Te quiero

Mercedes Gómez del Campo

Estaba firmado de su puño y letra. Gregorio se levantó como un resorte, ya no había cansancio. Corrió a buscar a Doroteo.

—Cuñado, ¡ven! —había fuego en su mirada—. Corre, sube aquí, tengo que enseñarte algo.

Doroteo saltó y se apresuró a ver qué estaba sucediendo. Gregorio rasgó la tapa de la biblia de Mercedes. Buscó en el forro y ahí estaba: una llave pesada de hierro fundido, vieja y casi oxidada. Doroteo no entendía qué estaba sucediendo, pero le siguió con la mirada mientras Gregorio corría por las escaleras hasta el sótano del castillo. Doroteo había bajado ahí en alguna ocasión con su hermana y su padre. Recordó que, en las catacumbas del castillo donde estaban las antiguas celdas, había un túnel que, según decían las mujeres mayores, comunicaba con la casa del carcelero. Entonces lo entendió y siguió a su cuñado.

Sin apenas luz comenzaron a buscar la puerta. No la encontraban, habían pasado muchos años desde que ese castillo no se habitaba y las catacumbas se habían convertido en una zona de almacén de muebles, telas y demás enseres. De pronto, Doroteo tocó un tablón que se movió y curioso empezó a empujarlo. Ahí estaba la puerta, detrás de todas aquellas piezas que habrían vivido seguro épocas más esplendorosas.

—Gregorio, ven, corre. Ayúdame —le dijo con voz suave para no llamar la atención del resto de los hombres. Primero debían de asegurarse de que esa salida era posible, antes de esperanzarlos.

Ambos empujaron, levantaron y corrieron todos los bártulos que pudieron hasta despejar la puerta. Era una puerta de madera robusta, no se abría desde hacía décadas, o eso creían ellos. Encajaron la llave como pudieron y comenzaron a moverla, pero estaba tan oxidada que no giraba. De pronto, Doroteo recordó que su primo Matías, que también estaba en el castillo, siempre llevaba una petaca con grasa para la escopeta. Corrió a buscarlo. Estaba con su hermano Cecilio hablando tranquilamente, pero al ver a Doroteo tan agitado, ambos se levantaron:

—Matías, dime que has traído la petaca de grasa —soltó espontáneamente Doroteo.

Por un momento Matías titubeó mientras rebuscaba en su bolsa.

—Sí, mira, aquí la tengo —la cogió con su mano robusta de veterinario de campo —. ¿Para qué la necesitas?

Doroteo dudó y finalmente:

—No hagáis ruido, seguidme —señaló un pasillo oscuro—. Coged algún candil, necesitamos más luz.

Ambos hermanos se levantaron ante la mirada curiosa de algunos hombres y siguieron a Doroteo. Al bajar las escaleras, vieron a Gregorio forzando la puerta con una llave vieja.

—Gregorio, déjame ver —le dijo Matías—. ¿Quién os ha dado esta llave? —preguntó perplejo. Él sabía que existía una, pero todos creían que se había perdido en una de las mudanzas de los dueños del castillo.

—Ha sido Mercedes, la tenía a buen recaudo Don Mónico —explicó Gregorio.

Todos lo sintieron, no estaban solos. Sus ángeles estaban al otro lado velando por ellos. Llenos de orgullo y fuerza, empezaron a mover la llave, levantar la puerta, encajando y desencajando las piezas del puzle. Debían ser rápidos.

Escucharon unos pasos bajar por la escalera, una luz alumbrando. Eran Jacinto, Alejandro y Amalio. Sin mediar palabra, dejaron sus biblias y corrieron a ayudarles. Como por arte de magia, la cerradura cedió, abriendo paso a la oscuridad.

—¿Qué hora es? —preguntó Gregorio.

—Son las diez y media —contestó Amalio, que acababa de bajar.

Con semblante muy serio, les dijo:

—Amigos, tenemos poco tiempo, y aún no sabemos si tendremos salida al otro lado. Notaron una leve brisa en el interior del túnel desde el umbral de la puerta. Gregorio continuó:

—Avisar al resto de hombres, dejar algunos candiles para no llamar la atención.

Doroteo corrió a comunicarles el plan al resto de compañeros; con sigilo y sin armar revuelo, les dispuso a bajar en grupos. Llenó los candiles para que alumbrasen toda la noche, y los colocó estratégicamente cerca de los ventanucos. Debía parecer que seguían allí.

Una vez bajó, se encontró a su cuñado explicando el siguiente paso:

—No sabemos si estará tapiado, de ser así, solo existirán dos opciones: romper la tapia e intentar salir —se hizo un silencio— o quedarnos aquí, hasta que no tengamos munición y luchar.

Ninguno de esos hombres le temía al destino, todos sabían que la segunda opción, si debía de llegar, la afrontarían con dignidad.

—Entonces, ¿quién quiere intentarlo? —siguió Gregorio.

No hubo respuestas, pero instintivamente se organizaron. Unos cogieron soportes de vela de metal, otro encontró un pico oxidado en un rincón, otros una espada que estaba en un baúl… cada uno, lo que buenamente pudo. Y empezaron a entrar por el túnel.

Mientras entraban, como fieles guardianes, esperaban Gregorio y Matías; Doroteo había entrado dentro del primer grupo. Pasaron varios minutos sin respuesta, la angustia de no saber qué estaría sucediendo los mantenía en vilo. Una luz tenue se empezó a acercar por el túnel. Era Jacinto, venía con la cara desencajada. A todos se les cortó la respiración.

—Hay una puerta. La hemos abierto —se llevó las manos a la cara como intentando contener las lágrimas—. Podemos salir. ¡Podemos salir!

Hubo algún grito contenido de felicidad, algún abrazo. Y, como si de un ejército se tratase, empezaron a correr por el túnel. El último en entrar fue Gregorio. Se aseguró de dejar la sala más o menos como la habían encontrado, cogió la llave, la guardó en su bota y cerró a su paso. El túnel no era muy largo, pero el recorrido se le hizo eterno. Al otro lado, se encontró con ellos, hombres esperanzados, dispuestos a dar la vida a cambio de su libertad.

Apagaron los candiles, colgaron las escopetas al hombro y se quitaron las botas para no hacer ruido y las llevaron en la mano. Nadie hablaba, Gregorio se puso al frente y les dijo:

—Esperadme aquí, voy a buscar a mi hijo.

Salió por primera vez a la calle en varios días. Sigiloso, buscaba a su hijo con el temor de que lo hubiesen encontrado otros primero. De pronto, alguien le agarró del pantalón. Sobresaltado, se giró:

—Papá. Shhhhh, no hagas ruido, soy yo —dijo su hijo Gregorio.

Gregorio padre no se pudo contener y se arrodilló para abrazarlo. Estaba tumbado en un umbral de una puerta al ras de una cortina para no hacer bulto. Con una medio sonrisa burlona le dijo:

—Ay, hijo, que alegría verte. Al final, te van a servir las horas de escondite en la tienda de mora.

El pequeño Gregorio sonrió, y le dijo:

—¡Eso mismo he pensado yo!

Gregorio padre se levantó mientras su hijo seguía escondido, y le hizo un gesto de espera. Se apresuró a la puerta de la casa para avisar al resto:

—Lo he encontrado, mi hijo está aquí —susurró—. Vamos señores, despacio y sin hacer ruido. El tiempo apremia.

En fila y ordenadamente salieron de la casa. El pequeño Gregorio salió de su escondite y le cogió la mano a su padre. Él iba guiando, sin mediar palabra. Con la escopeta al hombro, pero la mano preparada, Gregorio a la cabeza y Doroteo a la retaguardia se aproximaban al camino. Era noche cerrada. Escucharon unas carcajadas cerca y unos pasos: era un pequeño grupo de milicianos moviéndose por la calle mientras bromeaban. Se quedaron inmóviles. Gregorio hizo un gesto con la mano para que se pegasen a las paredes y se tumbasen en el suelo. Él se puso delante de su hijo escondiéndole. Nadie respiraba, no parpadeaban expectantes, estaban listos para lo que viniese muy a pesar de las consecuencias. Los milicianos se pararon en la calle a escasos metros, los podrían haber visto si no fuese porque la embriaguez no se lo permitía.

Después de unos minutos eternos, uno de ellos dijo:

—Venga Carlos, no seas cansino, camina que tengo ganas de comer algo. Agarraron entre varios a Carlos, que estaba visiblemente perjudicado del alcohol. —Vamos a ver si llegamos pronto a Mora —dijo otro—. Mañana tenemos que dar saldo y finiquito a estos ricos y antes quiero dormir algo.

Entre varios echaron al tal Carlos al lomo de uno de los caballos que tenían, se montaron y al grito de "¡arre!" desaparecieron en la noche.

Doroteo se incorporó y ayudó a su primo Marcial a levantarse. Las palabras de aquellos hombres retumbaron en las cabezas de todos. Dar saldo y finiquito: esa frase se les grabó a fuego y, como si de combustible se tratase, los empujó a llegar antes a su próximo destino.

Quedaba ya poco, estaban muy cerca, cuando en el camino apareció una silueta de un joven alto. Debía medir cerca de 1,80; era delgado, muy delgado, y estaba vestido con ropas anchas y un sombrero. A su lado, un burrito cargado con dos alforjas. Al acercarse pudieron distinguir a Justo, inquieto y cansado, pero ilusionado de verlos a todos y de poder ayudarles. Gregorio se le acercó, le miró serio y le tendió la mano:

—Justo, gracias. Es un privilegio poder contar con tu ayuda —de pronto, le tiró del brazo y le abrazó—. Justo, tengo para ti la mayor de las tareas: cuida de mis hijos, cuida de Doña Mercedes y de Doña Águeda —le apartó y pudo ver como sus ojos se encharcaban—. Apóyate en Don Ramón, el capataz; él es un hombre con experiencia y de confianza, cuando llegue el momento, te enseñará lo que haga falta.

Justo estaba paralizado, ¿acaso Gregorio se estaba despidiendo?

Apareció Doroteo: había sido un padre para él, le había enseñado a cazar, a montar a caballo, a labrar el campo. Gregorio se dio cuenta y le soltó. Justo saltó al lado de Doroteo y, con el máximo respeto, le tendió las manos buscando consuelo. Doroteo se las cogió con cariño:

—Hijo, que alegría verte. Estoy muy orgulloso de ti, has sido muy valiente. No tendré nunca como agradecértelo.

Por primera vez, Doroteo se había emocionado. Continuó:

—Tienes que prometerme algo, Justo. Si nosotros faltamos, si alguno de nosotros no vuelve, te harás cargo de ayudar a las señoras.

Justo asintió y comprendió que, efectivamente, aquello era una despedida.

Capítulo 3. La sierra

Estaban llegando a la sierra sin más luz que la de la luna. Cansados y hambrientos no se concedían descanso hasta alcanzar un lugar en el que refugiarse. Matías llevaba las riendas del burro, Gregorio y Doroteo iban a su lado. El camino estaba seco y polvoriento, ningún hombre hablaba, no había risas, no sentían que hubiesen ganado nada. Las pisadas retumbaban en la cabeza de todos ellos, con paso firme y ligero se dirigían a su destino. ¿Quién les habría dicho semanas antes que un día como aquel, estarían huyendo? Nadie los había preparado para eso.

En sus mentes surgían miles de dudas. ¿Qué pasaría con sus familias ahora que ellos habían huido? ¿Habría represalias contra ellas? ¿Por qué tantos hombres que antes eran buenos vecinos, amigos e incluso familia, se habían convertido en enemigos?

Gregorio no podía evitar emocionarse al recordar a su hijo pequeño. Llevaba días sin verlo y tenía la sensación de que había cambiado mucho. Ese último momento, ese beso en la frente, esa caricia en la mejilla. Tenía tantas cosas que enseñarle aún... No podía fallar, ya habían perdido a un hijo siendo un infante, con tan solo dos años, y no podía soportar la idea de hacer sufrir a Mercedes otra vez.

El grupo se paró en seco, Tiburcio estaba malherido y necesitaba descansar. En realidad, todos necesitaban hacerlo. Se sentaron en el camino, aún se podía ver el pueblo que estaba levemente iluminado. Un escalofrío les recorrió el cuerpo, sabían que solo tenían una opción: seguir hacia delante. Gregorio se imaginaba lo que estaría sucediendo un día normal en su casa. Mercedes estaría preparando la cena en el hogar, controlando los hornillos y su hija Dominga estaría ayudándola. Quizá hoy tomarían un chato de vino, la vendimia estaba cerca, la viña ya estaba cargada de uva. Reparó en que este año no había pensado en eso; que ironía, este año no pensaba en la vendimia, solo pensaba en sobrevivir a aquello.

Se imaginó a Mercedes con su vestido carmín: qué guapa estaba con ese color. La tela se la había elegido su hermana Natalia un día en la tienda. Su hermana Natalia Lillo... fue como si las viese por un momento a las dos riéndose como siempre mientras elegían telas y estilos.

Gregorio se imaginó de nuevo a su mujer, llamándolos a la cena, sirviendo la mesa. Como siempre Isidro, irreverente, se haría de rogar, seguramente por estar leyendo. El pequeño Gregorio estaría sentado en el hogar enfrascado en alguna de esas conversaciones profundas con las mujeres de la casa, cosas de hombres jóvenes, pensó Gregorio con una media sonrisa. Cerró el puño, se levantó y dijo:

—Sé que estáis cansados, pero debemos continuar. Pronto llegará el alba y se darán cuenta de que no estamos. —Los hombres se levantaron rápidamente, Gregorio tenía razón— Hay que llegar y esconderse.

Se tendieron la mano los unos a los otros y reanudaron la marcha. Como sombras en la noche, se fundieron con el camino, acompañados por una leve brisa. Ya estaban llegando.

—Cuñado, mira, ¿has visto cómo está la viña? —Gregorio le señaló una cepa bien cargada—. Este año va a dar buena cosecha.

—Qué razón tienes, cuñado, tenemos que preparar las cuadrillas —dijo Doroteo.

Ambos se reconfortaron en una aparente normalidad, las pocas noticias que tenían eran por escuchar a los milicianos en la plaza. Habían oído que los milicianos habían tomado el Alcázar, pero tampoco sabían muy bien que quería decir eso, estaban totalmente aislados. ¿Duraría aquello mucho tiempo?

Sin darse cuenta, ahí estaban, en la falda de la sierra. Gregorio señaló delante de ellos y les dijo:

—¡Hemos llegado! —se giró y sonrió a aquel grupo de amigos, sus caras en la penumbra de la noche iluminaban el camino; aquello era un halo de esperanza.

Buscaron refugio. A pesar de que tenían la casa de aperos, decidieron por prudencia no acomodarse allí, ya que seguramente ese sería uno de los primeros sitios donde vendrían a buscarlos. El monte estaba seco, era verano, pero siempre podían encontrar refugio en algún rincón.

Entonces Matías les dijo:

—Señores, pasemos esta noche juntos. Hablemos, riamos, descansemos —muy serio, prosiguió—, pero desde mañana debemos separarnos en grupos, ya que, si permanecemos todos juntos, hay riesgo de que nos apresen a todos. Es mejor dividirnos y prometernos que pase lo que pase, cuidaremos de las familias de aquellos que no puedan volver.

Se hizo un silencio eterno.

—Así será, Matías —dijo Aquilino.

—Por supuesto —continuó Alejandro.

—Que así sea —añadió Amalio.

Y así sucesivamente fueron respondiendo uno a uno todos ellos. No había nada que les reconfortase en aquellas palabras, más allá de saber que, si alguno no volvía, serían los demás los que cuidarían de sus mujeres e hijos. Gregorio también respondió y después de una larga pausa dijo:

—Sí, así será si es necesario, pero... ¡vamos a volver!

Nadie contestó, dejaron que el eco hiciese su parte, poco a poco, se fueron echando en el suelo. Había sido un buen día.

Mercedes no podía dormir, su hijo Gregorio aún no había llegado a casa. No sabía que podía haber pasado. ¿Lo habrían conseguido? Desde la ventana de la cámara, en el piso de arriba escondida en un rincón, observaba atentamente la calle. Podía escuchar el jolgorio en la plaza. Todos en la casa dormían, menos ella: ella no podía dormir. De pronto, escuchó un ruido y se sobresaltó. Venía del corral. Corrió tan rápido como pudo a ver que estaba sucediendo. Dos sombras se escondieron al escucharla venir.

—¿Quién anda ahí? —preguntó con un grito sostenido.

Alguien salió de su escondite. Era Gregorio, su pequeño Gregorio. Corrió a los brazos de su madre y lloró sin poder contenerse. Ella solo podía abrazarlo besándole la cara y el pelo. Con los ojos vidriosos, levantó la mirada.

Ahí estaba Justo mirándolos, solitario y huérfano sin unos brazos en los que reconfortarse.

Mercedes abrió un brazo, y lo llamó sin decir nada. Él se acercó y se rindió en su pecho. Ella no preguntó nada. No sabía si los hombres lo habrían conseguido, pero ellos estaban en casa: había esperanza.

—Mamá, han podido salir —dijo el pequeño Gregorio—. Mamá, están bien, han podido salir.

Mercedes entonces respiró, y un sollozo le salió de lo más profundo de su ser. Los besó y les dijo:

—Sois dos hombrecitos muy valientes, sin vosotros no lo habríamos conseguido.

Pasados unos minutos, los incorporó:

—Ahora hay que descansar, debemos estar fuertes para ayudar. Papa así lo quiere.

Mercedes los condujo a la cama; los muchachos se acostaron en la misma habitación y los besó en la frente.

Ellos, tumbados, impasibles, se cogieron de la mano y, poco a poco, se fundieron en un profundo sueño.

Mercedes corrió a avisar a Águeda. No se pudo sostener de la emoción y abrió la puerta de su habitación. Águeda tampoco dormía. Al ver a Mercedes saltó de la cama, se cogieron de las manos y Mercedes asintió. Lo habían conseguido.

El abrazo fue tan fuerte que apenas podían respirar. Una de las mujeres las escuchó hablar, y se asomó. Lo entendió en el momento. Llena de emoción, corrió a avisar al resto de mujeres. Una a una, fueron llegando a la habitación de Águeda. Ninguna hablaba; rosario en mano rezaban y lloraban de alegría. Ya nadie dormía, había sido un buen día.

Poco a poco, la noche se fue tornando día. Amanecieron los niños y la casa se llenó de vida: corrían por el corral, por las galerías... Dominga bordaba en la salita de costura con otras chicas, Gregorio y Justo alimentaban a los animales en el corral, Águeda remendaba sábanas y Mercedes cocinaba. La normalidad de aquellos días era como un pesado manto. Estaban tranquilos, extrañamente tranquilos.

La puerta sonó, volvió a sonar y retumbó. Mercedes dejó sus quehaceres, y se dirigió a abrirla. Antes de abrirla, acarició el tirador, respiró hondo y por fin abrió:

—¡Tío Mónico! —dijo Mercedes muy sorprendida—. Pasa, pasa, por favor. ¿Puedo ofrecerte algo?

Mientras se dirigían al interior de la casa, notó que el rostro de Mónico estaba visiblemente preocupado.

—Hija, ¡dime que lo han conseguido! —lanzó, angustiado.

Ella le sonrió. Todo en ella brillaba como antaño. Asintió y él la abrazó:

—Ay hija, que alegría, ¡ay, hija! —dijo, emocionado.

Ella le acompañó al interior:

—Mercedes, debo hablar contigo, anoche los escuché hablar.

—¿Y que decían? —su brillo se oscureció de golpe.

Él la cogió del brazo, y la condujo a su habitación.

—Mercedes, si los hombres no están ahí, vendrán a por nosotros. Debes ponerte a salvo, sobre todo a tus hijos.

Ella, con semblante muy serio, le espetó:

—Lo sé, tío, debemos empezar a plantear qué hacer. Isidro está escondido, pero no podemos dejarlo ahí mucho tiempo. Gregorio es un muchacho, no le harán daño. Y Dominga… —ahí ella se paró y tragó saliva, sabía lo que aquello significaba— Hay que sacarla de aquí, si la cogen presa, ambos sabemos lo que harán con ella. Necesito que me ayudes a sacarla.

Él asintió, eso era lo primero que debían de hacer.

Alguien llamó a la puerta de la habitación. Era precisamente ella, Dominga.

—¡Tío Mónico! —saltó a sus brazos— ¡Están bien, tío! —dijo emocionada.

—Pequeña, qué mayor te has hecho en estos días —cariñoso, le acarició la mejilla.

Ella, jovial y simpática, como acostumbrada, le dijo:

—Oye, estamos cocinando, ¿te quedas a comer?

Él no pudo decirle que no. Dominga siempre había sido su aventurera favorita, como él la llamaba. Una niña valiente, curiosa y muy inteligente. Estaba siempre leyendo, inventando y probando cosas nuevas. Le encantaba ayudar a Matías a curar animales inventando ungüentos. Ella era siempre la primera en estar dispuesta a sanar cualquier herida y ayudar a parir a cualquier ser vivo. Así era Dominga, pero, además, ahora se estaba convirtiendo en una joven muy sensata.

Él miró a Mercedes de reojo: los dos se entendían así, debían prepararlo rápido. Su sobrina, ajena a aquellas preocupaciones, lo cogió del brazo y tirando lo llevó al salón.

Águeda entró en la habitación:

—Mercedes, ¿quién era? —reparó en la mirada de su cuñada —¿Qué sucede?

—Era el tío Mónico, se quedará a comer —dijo tratando de aparentar normalidad.

—No, Mercedes, ¿qué sucede? —insistió Águeda.

Mercedes respiró hondo y le relató lo que habían hablado.

—El tío tiene razón —enfatizó—, hay que sacar a Dominga de aquí y hay que hacerlo pronto.

Águeda cerró los ojos y apretó los parpados. No pensó jamás que tuviesen que plantearse algo así. ¿De dónde había salido tanta crueldad?

—De acuerdo, preparemos algo, vamos a dejar que los milicianos den el primer paso, y mientras planificamos como sacarla de aquí —la cogió del brazo—. Venga, vamos a comer.

Pasó la tarde. Había sido un día sorprendentemente rutinario y tranquilo, hasta habían podido salir al campo a ver las viñas. Ellas también cayeron en la cuenta de que no habían planificado la vendimia y las viñas ya estaban muy cargadas de uva.

Cuando ya se iban a meter en la cama, Mercedes escuchó el ruido de unas botas paseando cerca de su ventana. Se acercaban a la puerta de la casa, lo supo, inmediatamente lo supo. Ya habían entrado y no los habían encontrado allí.

Esperó paciente a que llamasen a la puerta mientras se enfundaba en una bata, ya estaba vestida con su camisón de verano y no quería que la viesen así.

La puerta sonó, retumbo y ese sonido corrió como la pólvora por toda la casa. Nadie se atrevió a moverse excepto ella que, con la elegancia y el aplomo que la caracterizaban, abrió. Al otro lado estaban ellos, rostros conocidos y desconocidos, un puñado de hombres entre desconcertados y enfurecidos. Uno de ellos empujó la puerta y entró sin ser invitado. Intimidante la miró, pero ella no se movió, aquella era su casa.

—¿Dónde están? Sé que has sido tú, dime donde están o entraré y arrasaremos con toda la casa y los que están dentro —le dijo gritando.

Ella, tranquila, contestó en tono jocoso:

—Buenas noches, puede usted pasar.

Él, muy enfadado, la cogió del brazo y la levantó:

—Que me digas donde están, o los siguientes sois vosotros —le dijo al oído.

—Disculpe, pero no sé de qué ni de quién me habla, pueden ustedes pasar a mirar lo que estimen oportuno, aquí solo estamos mujeres y niños —de un golpe se zafó de la garra—. Esta es mi casa, y aquí hemos acogido a las que ustedes ya han bautizado como viudas y a sus hijos.

Nada tenemos que esconder. ¿No creen que ya estamos sufriendo suficiente?

Águeda apareció al escuchar los gritos y corrió al lado de su cuñada. El resto de las mujeres fueron a la entrada rodeando a Águeda y Mercedes.

Aquel hombre, desconcertado, las observó. Estaba furioso, tanto que las habría llevado presas en aquel momento.

Entonces Mercedes le dijo:

—Como ve, aquí solo estamos las mujeres compartiendo nuestro dolor. Le podemos invitar a que pase y vea cómo, efectivamente, nosotras no tenemos nada que ocultar.

Se dio media vuelta y emitió un gruñido de rabia. Antes de salir por la puerta y sin mirarlas sentenció:

—Despídanse de Isidro y el resto de los hombrecitos que tienen en la casa. Ellos van a ser los siguientes.

Al salir, Mercedes empujó el portón y cerró. Las madres de aquellos chicos empezaron a sollozar. Ella se abrió paso y les dijo:

—No temáis, vamos a buscar la manera de que no los encuentren, hay que tener fe.

Mónico lo había visto todo desde la ventana de su casa a escasos metros. Subió a su despacho y se dispuso a escribir una carta. Mañana vendrían a por el correo.

Habían pasado un par de semanas y la calle se había convertido en un sitio peligroso. En la sierra los hombres cazaban y se escondían. Habían hecho pequeños grupos y se habían repartido estratégicamente para controlar el perímetro y los accesos.

Una tarde Gregorio les dijo a los hombres de su grupo:

—Señores, esta noche saltaré la tapia de la casa. Necesito saber que están bien. Espérenme aquí.

—Gregorio, yo voy contigo —le dijo Doroteo.

Gregorio asintió y emprendieron el camino. El resto de los hombres se habían separado en los distintos grupos. Por un momento reparó en ello. ¿Estarían todos bien?

Debían de esperar un buen momento, no podían arriesgarse, quizá les estarían vigilando. Se acercaron al pueblo despacio, refugiándose en las sombras de la noche. Recorriendo las calles aún más solitarias que la última vez que las vieron, había un silencio abrumador, casi perturbador, tanto que podían escuchar sus propios pálpitos. Con la respiración sostenida en el pecho, sin tragar saliva, se acercaron a la tapia de casa y ayudándose de los árboles treparon hasta llegar arriba. Nunca habían reparado en lo alta que era hasta aquel día. Se sentaron un momento antes de bajar, tenían que encontrar el ángulo perfecto. De pronto, se escucharon unos pasos, alguien tosía intensamente. Ellos se agacharon y pegaron sus cuerpos contra el filo del muro y el tejado mientras rogaban que a aquel inesperado viandante no le diese por mirar arriba.

Con parsimonia y ritmo sereno continuó su trayecto, sin parar ni reparar en lo que estaba sucediendo. Ellos esperaban atentos a que llegase al cruce. El hombre se paró por un momento y dudó. Inesperadamente se volvió de espaldas. ¿Qué estaba haciendo? Gregorio lo observaba muy atento… Estaba mirando la hora del reloj del campanario. Por alguna razón, controlaba el tiempo. Debió de parecerle bien, eran las diez y media, ya que con algo más de alegría dobló la calle a la izquierda, en dirección a casa de Doroteo y Águeda y desapareció en las sombras.

—Psssss… —le silbó Gregorio a Doroteo, y con un gesto de mano le indicó que siguiese.

Doroteo reptó por el filo de la tapia y llegó al tejado de la casa, esperó a su cuñado y le tendió la mano. Las tejas se movían bajo sus pies; sin incorporarse fueron avanzando hasta la parte de atrás del corral, se colgaron y se dejaron caer con cuidado por una de las ventanas de la cámara de la segunda planta. Debían tener cuidado, un paso en falso y se caerían al suelo, no habían llegado tan lejos para caerse en el último momento.

"Estoy en casa", pensó Gregorio. Con sigilo fueron avanzando por las galerías de la cámara hasta llegar a las escaleras; habían pasado ya muchos días y no sabían que se podrían encontrar. Los tablones de madera que habían revestido los suelos desde 1811 crujían quejicosos, parecía que quisiesen ponerles en sobre aviso. La casa estaba tranquila, no se escuchaban niños corriendo por los pasillos, ni mujeres sumidas en el murmuro alegre que las caracterizaba. ¿Estarían durmiendo?

Llegaron al patio interior de la casa, desde el que se podían ver todas las galerías; Gregorio miró a la izquierda, pudo verla leyendo, mientras Dominga ponía la mesa. Ya no le brillaban los ojos, tenía el semblante serio. Lentamente Mercedes levantó la mirada. Como si de magia se tratase, sintió que alguien la observaba. Se volvió hacia la cristalera inundada por una mezcla de miedo y esperanza. Sus miradas se cruzaron y ella se dio cuenta: era él. Sobresaltada, se incorporó mientras sus labios temblones susurraban su nombre. Aquello que leía cayó de sus manos y de sus ojos ahora brillante brotaron dos lágrimas. Dominga, asustada al ver a su madre así, se acercó a ella. Mercedes, apretándole la mano, señaló la cristalera. Ella miró con miedo y los vio: parecían dos esfinges, impasibles, altivos, eternos.

Mercedes corrió a la puerta del patio, saltó el umbral y, agarrándose en los pantalones de Gregorio, cayó sobre sus rodillas. Sollozaba tan profundo que costaba distinguir su respiración. Gregorio la tomó por las manos y le dijo:

—Mercedes… —con voz rota— Mercedes, no llores —. Tierno, la levantó.

Dominga y Doroteo también se abrazaron, ella rompió a llorar en los brazos de su tío. Se pasó el tiempo, los minutos dejaron de contar y se entregaron al tiempo que parecía durar toda una eternidad.

Doroteo cogió suavemente a su sobrina por los hombros y le preguntó:

—Y la tía Águeda, ¿dónde está?

Dominga, aún sin poder hablar, señaló la galería. Con gran esfuerzo, respondió:

—Está en su alcoba tío, hoy no tenía ánimo y dijo que se iría pronto a dormir.

Doroteo la besó en la frente, y le guiñó el ojo simpático como siempre hacía. Se dirigió a la alcoba donde estaba Águeda y con los nudillos llamó a la puerta. Nadie respondió. ¿Estaría durmiendo? Cuando estaba a punto de volver a llamar, la puerta se abrió. Vestida con camisón blanco y el pelo suelto, observó a lo que bien podría ser un sueño: su Doroteo. Esos segundos parecieron horas, como un ser inalterable. Águeda se rompió y él, compasivo, la acogió en su pecho.

Dominga abrazó a sus padres, y estos la besaron. Una luz en el pasillo: se movía rápido, y en cuestión de segundos se plantó en el patio. Era el pequeño Gregorio que saltó a los brazos de sus padres.

—Papá, tienes que ir a ver a Isidro, ¿te acompaño? —dijo ilusionado el pequeño Gregorio, como si fuese un día de fiesta.

—Mejor, vamos a cenar todos juntos, ¿le vas a llamar? —le respondió su padre.

El pequeño chiquillo saltó corriendo en busca de su hermano. Estaba feliz, alegre, era un día especial dentro de tanta miseria.

Dominga se apresuró a poner la mesa, hoy podrían cenar todos juntos. Mercedes y Gregorio no querían dejar el tiempo pasar.

—Tenía mucho miedo, te he echado mucho de menos —dijo entre susurros.

—No temas, hoy estamos aquí —le contestó él mientras le acariciaba la cara con las manos.

Águeda salió de su escondite, y se acercó al patio:

—Gregorio, te veo bien, cuñado —le dijo en tono alegre. —¿No venís a cenar?

Se le había ido el santo al cielo, aquel alto en el camino podía ser eterno. Con un leve salto se pusieron en marcha y, cogidos de la mano, se dirigieron al comedor.

—¡Papá! —dijo Isidro.

Gregorio dio media vuelta para ver a su hijo. Corrió a sus brazos:

—Isidro, hijo, que alegría verte bien —se miraron intensamente—. Mis hombrecitos, venga, vamos a cenar.

Mientras volvían al comedor, cogió de la mano al pequeño Gregorio, y apretándosela fuerte le dijo:

—Aún eres pequeño, pero sé que lo entiendes bien todo. Has demostrado valor, ahora debes de mostrar inteligencia. Cuida de tu madre y de tu hermana, si tu hermano Isidro y yo faltamos, tendrás que dar un paso al frente, ellas te van a necesitar.

El pequeño asintió; el miedo le recorría el cuerpo. ¿Qué quería decir con que si ellos faltaban? Con el mismo valor que el día de la huida del castillo, tragó saliva:

—Lo he entendido, padre. Cuidaré de esta casa.

No hubo más palabras, sólo el orgullo de un padre.

Se sentaron a cenar, parecía un día normal: risas, bromas..., pero por la cabeza de Gregorio pasaban mil preguntas. ¿Dónde estaban el resto de las mujeres? Era pronto para que estuviesen durmiendo. No se atrevió a preguntar.

De pronto, unos gritos salían de la iglesia, el campanario empezó a sonar. Gregorio salió al corral a ver que pasaba, desde ahí se podía ver el campanario. Era su buen amigo Aquilino pidiendo auxilio.

—¡Socorro! ¡Que alguien me ayude! ¡Vienen a por mí! ¡Me quieren matar!

Mercedes, Águeda y Doroteo salieron al corral también. Estupefactos se miraron, no sabían que hacer.

Mercedes corrió al comedor:

—Tenéis que esconderos y esconder al tío Doroteo y a papá. ¡Rápido, no hay tiempo! —les dijo a sus hijos.

Salió a la calle y observó horrorizada aquel encarnizado espectáculo. La mujer de Aquilino, Aurora, arrodillada en el suelo, rogando el perdón de los pecados que no habían cometido. Chillaba desesperada, embarazada de ocho meses, sujeta por los brazos como un Cristo en la cruz, viendo como el padre de sus hijos, solo y desarmado, luchaba por escapar de aquellos hombres. Apareció Águeda que, al ver aquella imagen, no pudo contenerse y quiso saltar a liberar a aquella mujer. Mercedes la frenó por la muñeca y ambas quedaron congeladas.

Aquilino siempre había sido un hombre valeroso, y con el arrojo que le caracterizaba, se defendía ladrillo en mano hasta que ellos, con sus armas y su superioridad numérica, lo alcanzaron y sacaron a rastras de la iglesia. Aurora, al verlo atado y humillado, se avivó como el fuego, y con la fuerza de una leona trató de zafarse de sus captores.

Uno de ellos, inhumano, al ver que se le escurría de entre los dedos, desesperado la frenó con un golpe seco. Un impacto cobarde en la tripa, infalible, que la dejó postrada en el suelo. Águeda no se pudo contener más y corrió en su auxilio, seguida por Mercedes. Sólo había ruido, carcajadas de los milicianos, aullidos de Aquilino, y aquella pobre mujer, con el alma rota, en el suelo.

Los vieron recorrer la calle, camino del pozo. Cada vez el ruido estaba más lejos, pero Aquilino no cesaba en su empeño de liberarse. De pronto, se escuchó un estruendo y se hizo el silencio.

Las tres mujeres se abrazaron en el suelo. Aurora ya no lloraba, tenía la mirada vidriosa. Mercedes y Águeda evitaron que sus ojos se cruzasen, como si no hacerlo hiciese menos real el horror que estaban viviendo.

La levantaron como pudieron y se la llevaron a casa. Al entrar la tumbaron en el sofá. Águeda le sujetaba la mano sin poder articular palabra, mientras Mercedes salió al corral. Ahí estaban Gregorio y Doroteo, con la cara empapada de rabia y dolor, era tal la impotencia. Sabían que, si salían, arrasarían con la casa y todos los que habitaban en ella. Gregorio abrazaba su escopeta, firme, rogándole a Dios un momento de paciencia. De pronto, vio a Mercedes, lívida, blanca como si fuese un espectro, desconcertada, incapaz de verbalizar ninguna de las imágenes que pasaban por su mente. Gregorio soltó la escopeta y corrió a sujetarla. Doroteo, que estaba en el otro lado del corral sentado en el suelo, al ver a Gregorio sobresaltado se precipitó a ayudarle a sujetar a Mercedes.

La llevaron al salón, donde estaban Aurora y Águeda. El silencio era sepulcral. Los dos hombres prepararon agua azucarada y paños y ayudaron a Aurora a tumbarse en una cama más cómoda. Todos temían que el disgusto y los golpes hubiesen hecho mal a la criatura que estaba gestando. Agotada y confundida, se durmió.

Ellos volvieron al salón donde estaban aún conmocionadas Águeda y Mercedes.

—Águeda, deberíamos llamar al médico, Aurora necesita que la vean —dijo Gregorio, y antes de que Águeda se levantase para llamar, prosiguió muy pausadamente— creo que también deberías de avisar al tío Mónico.

Se hizo un silencio sombrío, profundo. Águeda simplemente asintió.

—Gregorio, Doroteo, venid aquí —dijo Mercedes.

Ellos se sentaron a su lado.

—No habéis preguntado por el resto de los hombres —los miró fijamente— ¿Acaso no sabéis que ha venido pasando?

Se dio cuenta, en ese preciso instante, de que no lo sabían. ¿Cómo podían no saberlo? Lo vio en el brillo de sus ojos, en el semblante, en la mueca, en la pose cada vez más hundida e inclinada.

—Al día siguiente de la fuga del castillo, empezaron a vigilarnos por si estabais en la casa. Uno de los días entraron por la fuerza a buscaros, teníamos a los muchachos de la edad de Isidro escondidos, y temíamos que se los llevasen a todos. Por suerte, al no encontraros en la casa, se fueron —Mercedes hablaba serena—. La presión creció y creció en los siguientes días, así que convenimos que fuese más seguro separarnos. Raquel, la mujer de Alejandro, consiguió hablar con su marido por la tapia del cementerio y avisó al resto de hombres de que volverían cada una a sus casas. ¿Vosotros no lo sabíais?

Ellos la miraron estupefactos, y Doroteo espetó:

—No, hermana, no lo sabíamos porque nosotros no estamos con ellos. Habíamos acordado no juntarnos para estar más seguros, pero por lo que comentas, se ve que ellos sí han tenido más comunicación. Teníamos previsto ir a verlos mañana por la noche después de haberos visitado —Doroteo no daba crédito, no entendía lo que estaba sucediendo.

Asintiendo, ella prosiguió:

—Ellos empezaron a visitar a las familias y, por lo que parece, alguien pudo verlos y dio el aviso —paró, y pareció un mundo—. Los han ido cogiendo —sentenció—.

Ellos se miraron totalmente desconcertados.

—Mercedes, ¿a quiénes han cogido? —preguntó Gregorio.

—Gregorio, ya solo quedáis Matías, Cecilio, Tiburcio, el Tío Mónico, Justino y Benito.

"No puede ser", pensaron ambos, "¿los han cogido a todos?". Un escalofrío les recorrió el cuerpo.

De pronto, la puerta sonó. Mercedes, sobresaltada, los miró con pánico: no debían estar allí. No hizo falta decir nada, en un abrir y cerrar de ojos desaparecieron.

Se atusó el vestido y se sosegó con un largo suspiro; abrió la puerta, esperando lo peor.

Era el Tío Mónico: nunca lo había visto así, con el rostro desfigurado y el terror en la mirada. Casi en un susurro dijo:

—Hija, lo han matado, lo han matado —con voz profunda y sostenida.

Mercedes lo tomó del brazo rápidamente y lo metió dentro de la casa, mientras él sólo repetía una y otra vez: "lo han matado, lo han matado, lo han matado".

Se hizo un silencio eterno. El ambiente era denso, pesado, como una losa que les aplastaba dejándolos inmóviles.

No podían hablar. En el salón apareció Águeda, que había estado con Aurora mientras Mercedes abría la puerta. Entró como una flecha, dispuesta a llamar a su cuñada, pero enmudeció al ver a Mónico. Ese hombre siempre sereno, de mirada amable y sonrisa eterna, con la mirada perdida, gacho, parecía hasta pequeño, susurrando algo prácticamente imperceptible. Lo frenó por los hombros, pero él no reaccionaba, se había ido muy lejos, a un sitio del que no sabía cómo volver. Las dos mujeres se miraron, impotentes, solo les quedaba rezar. Águeda empezó a rezar en voz alta. Mercedes se unió, y ambas entonaron una melodía llena de misericordia capaz de sacar de su escondite a las almas perdidas. Cogidas de la mano, cada vez más fuerte, siguieron rezando. De pronto, una mano rozó la mano de Águeda, y tres voces se sumaron al rezo. Águeda abrió los ojos y se encontró a sus sobrinos. No pudo evitar pensar "qué gran orgullo teneros".

En las sombras, observaban Gregorio y Doroteo aquella escena, con una mezcla de satisfacción y desasosiego. Doroteo dio un paso al frente y, susurrando, preguntó a su cuñado:

—¿Vienes?

Lentamente salieron de sus escondites. Gregorio se frenó por un momento, como si quisiese grabar en su mente aquella imagen. Esperó observando, mientras Doroteo se acercaba. Mónico levantó la mirada al ver unas botas de hombre acercarse, despertó de su trance. Sobresaltado y confuso vio que era Doroteo. Sin articular palabra, le tendió las manos mientras agitaba su cabeza y, brevemente, se pudieron adivinar dos lágrimas en sus ojos.

Aquel hombre, que a todos había acompañado en alegrías y penas, aquel hombre que siempre había sido pilar y refugio, de fe inquebrantable, de bondad infinita, estaba roto. Era por una vez él quien necesitaba consuelo, quien necesitaba una mano amable, alguien en quien refugiarse. Doroteo lo tomó de las manos con firmeza y abrazándolo le dijo:

—Tío, estamos aquí.

Mónico giró la cabeza en dirección a Gregorio, y lo vio, aún en la penumbra, sosegado, atesorando recuerdos. Mónico le tendió la mano y Gregorio se apresuró a tomársela.

Pasaron las horas, tantas como la noche les dejó. Entonces Mónico, preguntó:

—¿Dónde está Aurora?

—Está durmiendo, tío, mañana vendrá el medico a verla, ahora es muy peligroso —dijo Águeda.

—Entonces dejemos que descanse —dijo él.

Nadie dormía, y es que no querían hacerlo. Necesitaban palpar la entrada de aquel nuevo día antes de que la realidad los inundase de nuevo. Isidro, Dominga y el pequeño Gregorio se quedaron dormidos en la butaca del salón con Mónico. Águeda y Doroteo se sentaron en el patio a leer juntos como siempre habían disfrutado de hacer a la luz de las velas. Mercedes y Gregorio salieron al corral. Se tomaron de la mano, sentados en unos serijos. Miraron al cielo en silencio: aquello era paz.

Gregorio recordó el día que decidieron montar la bodega los cuatro. Era septiembre de 1917, había sido un gran año de cosecha. Él, que no venía del medio rural, había aprendido mucho de su suegro Saturnino y de su cuñado Doroteo en los dos años que llevaba de casado. Ese año Mercedes y él habían tenido a su primer hijo, al que también habían llamado Gregorio, como a su hijo menor. Recordó aquel día: después de la vendimia habían hecho una lumbre para celebrar la cosecha. Era costumbre celebrar el fin de la vendimia con una chuletada en el campo. Saturnino había matado unos corderos, las mujeres habían ayudado a prepararlos en el corral de la casa, mientras los hombres preparaban la lumbre en el campo. Cargaron las mulas y llevaron agua, vino, pan, quesos de oveja y carne de cordero. Era un día de fiesta para todos. Bebían, cantaban, reían, bailaban.

Recordó a su mujer, jovial y cariñosa con el resto de las mujeres, con su pequeño en brazos, que ya tenía 9 meses, radiante. Y Águeda, siempre sonriente y elegante, disfrutando de la fiesta.

De pronto, pensó: "¿cómo sucedió aquello?" Ah, sí, Doroteo. No pudo evitar sonreír. Mercedes se percató de aquella sonrisa y le apretó la mano.

Después de un tiempo, en el que ambos siguieron perdidos en sus anhelos, Gregorio susurró:

—¿Recuerdas aquel día en el campo cuando decidimos que íbamos a hacer la bodega?

Mercedes entonces lo entendió, entendió la sonrisa y asintió.

Gregorio tenía la sensación de que aún podía ver a Doroteo con la bota de vino en una mano y su compañera de aventuras en la otra, acercándose feliz, casi eufórico a ellos.

—Grego, cuñado, ¡ya sé lo que tenemos que hacer!

—Ah, ¿sí? A ver cuñado, con qué vas a sorprenderme —respondió Gregorio con tono burlón.

—En el corral cerca de las escuelas tenemos que hacer una bodega —sentenció Doroteo mirándolos a todos ilusionado—.

Mercedes sonrió a Gregorio y dijo:

—Eso sería una gran solución, tendríamos donde hacer el vino, ¿no crees, Gregorio?

Gregorio, que sabía que aquello no había sido su campo, dijo:

—Me parece una gran idea si a vosotros os lo parece. ¡Yo me puedo encargar de comercializarlo!

Soñaban alto. Montar una bodega, ¡qué gran hazaña! Un reto digno de grandes cazadores de ilusiones como eran ellos.

Mercedes, que sabía que su marido seguía sumido en sus anhelos, por fin contestó:

—¿Recuerdas la mañana después de la chuletada? —y ambos se rieron con una suave carcajada tapándose la boca.

—¡Ay, Doroteo! —dijo Gregorio.

—Menuda cara puso —dijo Mercedes—, no se lo esperaba, no sabía con quién se jugaba los cuartos.

Gregorio volvió a su ensoñación y vio a Doroteo sentado en la mesa del comedor, quejicoso por la celebración del día anterior, intentando tomar un café, mientras Águeda le bromeaba con que no se podía beber así. Mercedes, guasona, le seguía la corriente a su cuñada hasta que apareció Gregorio, alegre y con paso vivo. Traía papeles y grafito en la mano, llegó hasta la mesa, y soltó todos los papeles. Doroteo lo observaba perplejo. Pensó: "¿qué se le habrá ocurrido a este hombre ahora?"

Se apresuró a colocar los papeles en la mesa.

—A ver, señores, tengo algo que decirles —espetó Gregorio, alegre y extrañamente agitado, con un brillo en los ojos de esos que te despiertan la curiosidad.

—A ver, cuñado, ¡qué se te ha ocurrido! —contestó Doroteo con una mezcla de curiosidad y broma.

Alisando los planos, grafito en mano, empezó a dibujar. Los demás, atentos, le seguían:

—Bueno, veo que os lo tengo que refrescar. Lo he estado estudiando y sí, creo que es una gran idea. —Los observó a los tres, y se dio cuenta de que aún debía de matizar más—. ¡La bodega! —repitió—, ¡hagamos la bodega!

Inmediatamente capto la atención de Doroteo. Aquel era un gran sueño, una gran oportunidad. Se levantó de un salto, y mirando atentamente los planos dijo:

—Bien bien, y ¿cómo lo hacemos? Implica mucho capital y mucho riesgo.

Ya no le dolía nada, ya no echaba en falta el café. Se había incorporado de un salto con tanta fuerza que casi le tiró la silla encima a su hermana Mercedes, que lo miró sorprendida.

—Con lo que hemos ido generando los últimos años, más la cosecha de este año, tenemos para la mitad de la inversión —dijo Mercedes.

—Fenomenal... ¿y el resto? —volvió a preguntar Doroteo, cada vez más nervioso.

Se hizo un silencio.

—Cuñado, el resto lo pongo yo —dijo Gregorio, mirando a Mercedes mientras sonreía.

Ella, emocionada, saltó y lo besó en la mejilla. Doroteo besó a Águeda y la levantó por la cintura. En la euforia del momento, Doroteo se acercó a su cuñado y le estrechó la mano. Mirándolo fijamente le sonrió:

—Gracias, cuñado, socio, amigo.

Gregorio le tiró de la mano y le dio un abrazo, de esos que te parten la espalda y se te graban para siempre. Un abrazo que los unió hasta en la más dura de las adversidades y la más arriesgada de las aventuras.

Gregorio suspiró y disfrutó un momento. Volviendo de su sueño se dio cuenta de que estaba amaneciendo, se giró mirando a Mercedes y con una gran sonrisa le dijo:

—Ha sido una gran aventura, Mercedes. Estoy muy orgulloso y agradecido de que la hayamos vivido juntos.

La observaba como si quisiese no perderle ningún detalle que ya no hubiese visto en los 20 años de matrimonio. Observaba a su compañera, la madre de sus cuatro hijos, y mirando al cielo, sintió una paz infinita. Sabía que quizá este era el final, y si así Dios quería que fuese, lo único que le pedía es que no se olvidase de ellos, que los acompañase en la fuerza para que Mercedes no se sintiese sola.

Mercedes, nostálgica, con la cabeza apoyada entre la pared y su hombro, respiró hondo:

—Sí que lo ha sido, Grego —levantó la mirada para verle de reojo desde su hombro. ¡Cuánto hemos vivido!

Él también giró la cara y, emocionado, le respondió:

—Lo hemos hecho bien.

Aquel instante pareció infinito, o eso es lo que ellos secretamente anhelaban. Pero en el fondo sabían que debían cumplir con su obligación y ser prudentes.

Unos pasos se escucharon por el pasillo al corral. Era Doroteo. Llevaba al hombro su escopeta y un zurrón atado en el cinturón del pantalón con dulces. No habló al ver aquella imagen, hasta le pareció simpática, como dos jovenzuelos que han caído exhaustos después de una larga jornada de trabajo. Los dejó unos segundos más, sabiendo que ese instante tenía que llegar a su fin.

Gregorio pausadamente estrechó la mano de Mercedes, indicándole sin palabras que debían prepararse. Ella, sintió un peso en el pecho y un nudo en la garganta. Agarró con fuerza la mano de Gregorio y silenció sus sentimientos.

Era un día como cualquier otro. Se levantaron y entraron en la casa, guiados por Doroteo. En la cocina estaba Águeda, aún vestida con la ropa del día anterior, tan impoluta como siempre, tanto que estaba hasta perfectamente despeinada. La luz entraba por la ventana de la cocina, aún casi en penumbra, se podían ver sus manos de dedos largos y finos removiendo el café, con la mirada fija, como si tratase de obviar que, después de terminarlo, se dirían hasta pronto.

Entraron en el salón, en silencio, y vieron a los tres chiquillos plácidamente dormidos en los sofás con el Tío Mónico, como cuando eran más pequeños, que después de las largas tardes de juego en la plaza, caían rendidos antes de la cena. Y Mónico, siempre lleno de paciencia y sabiduría, siempre dispuesto a tender una mano, un hombre noble de espíritu y firme de pensamiento; como se decía allí, "un buen Gómez del Campo". Mercedes sintió pena y una ternura tremenda. ¡Qué injusticia tan grande que sus hijos tuviesen que vivir todo aquello! Se acercó lentamente, queriendo no despertarles. Dominga abrió los ojos, había notado movimiento y se incorporó sobresaltada. Sin necesidad de decirlo, supo que había llegado el momento. Águeda salió de su refugio, puchero con café en mano, perdida en sus propios pensamientos, hasta que los vio allí a todos. Hizo de tripas corazón y, susurrando, dijo:

—Dominga, hija, ayúdame a poner el desayuno en la mesa.

Mercedes se giró a mirarla emocionada, con un nudo en la garganta. Águeda, haciendo un esfuerzo por no romperse, le tendió la mano a Dominga con naturalidad.

Sin hablar se dispusieron a poner la mesa, mientras Gregorio y Doroteo se sentaban a esperar a los demás. Isidro se acomodó a un lado de su padre, y el pequeño Gregorio al otro tan cerca que se podría decir que se le sentó encima. Estaba ansioso porque aquel día no terminase. Mónico buscó hueco en el banco de la mesa, de espaldas a la cristalera, al lado de Doroteo y, al hacerlo, se dio cuenta de que había algo en el asiento. Lo cogió: era un periódico del día anterior. Lo dejó en la mesa, con desgana.

Gregorio lo miró con curiosidad; llevaban semanas sin leer un periódico, las noticias que les llegaban estaban distorsionadas y era difícil formarse una opinión sobre lo que estaba sucediendo. Este sinrazón que había arrastrado a hermanos contra hermanos se les escapaba. No podían comprender por qué nadie fuese hacer daño a gente como ellos, que eran simples agricultores.

Gregorio empezó a leerlo y susurró sorprendido:

— ¿Han tomado el Alcázar? —levantó la mirada hacia Mónico, que no supo qué responder—. Dicen que están los Nacionales intentando retomar el control del Alcázar —volvió a repetir, esperando que alguien contestase—. Doroteo, Mónico…

Nadie respondía, nadie sabía que decir, porque no comprendían por qué algo que estaba pasando tan lejos, afectaba así en su casa, en su pueblo.

—Esto significa —dijo Mercedes, con serenidad y aplomo— que hay que aguantar, que debéis de aguantar, que debemos de aguantar —sentenció seria, mirando a su marido—.

Él enmudeció. El silencio se apoderó la sala con aún más fuerza. Dominga y Águeda aparecieron con los últimos detalles, listas para empezar el desayuno. Viendo que los demás estaban rígidos, decidieron sentarse.

Mercedes tomó el cazo y empezó a repartir café en las tazas. De pronto, Gregorio interrumpió el incomodo silencio:

—Hijos, ya debe de empezar la escuela. ¿Tenéis todo listo? —preguntó mientras mojaba con gusto en el café un mendrugo de pan frito con azúcar.

Los demás se miraron sorprendidos y extrañados con aquella repentina tranquilidad. Como nadie contestaba, volvió a insistir:

—Bueno, veo que sois mudos. Eso es que lo tenéis todo preparado, ¿verdad?

Gregorio era un hombre bien educado, bachiller, que, por aquel entonces, era tanto o más que ser universitario. Le gustaba leer, aprender, y siempre se había enfocado en que sus hijos estudiasen para poder tener un futuro mejor.

Isidro quería ser ingeniero, Dominga quería estudiar farmacia y Gregorio hijo aún no lo tenía claro, pero siempre decía que quería hacer el mejor vino de España, a lo que sus padres se reían con cariño.

—Papá, sí, lo tenemos todo listo, solo nos faltan algunos cuadernos de estudio que tenemos que ir a recoger a Mora —contestó Dominga con la misma falsa tranquilidad y aplomo de su padre.

Él sin mirarla siguió comiendo pan frito. Después de un silencio volvió a la carga:

—Así me gusta, que necesitamos una farmacéutica en la familia.

Levantó la mirada buscando a su hija, le sonrió y le guiñó el ojo.

Dominga se llenó de ilusión, tratando de contener la emoción mientras sus ojos se humedecían levemente. "Así será, papá", pensó para sí misma.

Como un día cualquiera transcurrió el desayuno, con preguntas sin respuesta, con el anhelo de viejas rutinas, con alguna risa, con algún silencio, pero, sobre todo, con la compañía de los unos a los otros.

Se les había hecho tarde, pero no les importaba, aunque sabían que, cuanto más tarde, más arriesgado sería salir. También sabían que no podían quedarse.

Prepararon unas mochilas con algunos víveres, pan y una bota de vino y salieron todos al corral. Doroteo se volvió mirando a su hermana, Mercedes lo observó fijamente, simplemente se abrazaron. Gregorio se acercó a sus hijos:

—Quiero que sepáis que estoy muy orgulloso, debéis de seguir así, aguantando y protegiendo a vuestra madre, que os necesita —ellos le abrazaron conteniendo el llanto—. Volveremos muy pronto, procurar seguir estudiando, ayudando en el campo y en el negocio, no debemos permitir que esta situación nos frene. ¿Lo entendéis?

Ellos, con la cara escondida, asintieron.

—Os quiero mucho —los apretó contra él. Ahora él era quien tenía un nudo en la garganta.

Mercedes soltó a su hermano y se dirigió a Gregorio, que aún sostenía a sus tres hijos. Gregorio la miró fijamente, no quería despedirse de ella, eso nunca. Ella temía acercarse y que aquello fuese un adiós. Entonces se rindió, y se fundieron en un abrazo.

Doroteo tendió la mano a su esposa. Águeda renegaba con la cabeza, mientras un sollozo se le escapaba en silencio, tan sutil que solo ellos pudieron sentirlo. De sus ojos brotaron dos lágrimas que, fugitivas, viajaron hasta su pecho. Doroteo la abrazó en silencio, no había consuelo posible más que una promesa, que ambos sabían que podían no cumplir. Así que prefirió no mentir y mantuvo el silencio, mientras le acariciaba el pelo. Acercó su cara e inhaló el perfume de sus cabellos y, en ese preciso instante, Doroteo pensó que no quería olvidarse de esa sensación.

Mónico los observaba paciente, mientras rezaba, devoto y entregado a lo que Dios tuviese previsto para todos ellos. Gregorio se movió, desprendiéndose de todo aquel cariño, cogió la mano de su compañera de vida y se acercó a Mónico. Doroteo, al verlo, siguió instintivamente a su cuñado. Querían ser bendecidos.

Los cuñados dieron un paso adelante cerrando los ojos, mientras ellas los miraban pacientes. Bien parecía sentirse la música procesionaria, pesada, lenta y hasta lúgubre, pero ahí, nadie estaba tocando. Mónico oró, con voz sostenida para no ser descubiertos por los oídos curiosos de los que pudiese haber en las proximidades y ellos, se dejaron llevar por aquella melodía, entregados a su destino.

Al terminar, Mónico los besó en la frente, evitando cruzar la mirada, huyendo así de su creciente desaliento. Aquellos dos valientes, aquellos dos amigos debían encontrar la paz y fuerza para aguantar. Cargaron escopeta a un hombro, las mochilas a otro, respiraron hondo y se miraron. Era la hora.

Gregorio se acercó a Mercedes, le acarició la mejilla y, sonriendo, le dijo:

—Vamos a aguantar —la miró fijamente, como si quisiese convencerla de que eso sería así—, vamos a aguantar, Mercedes.

Ella apoyó la mano en su mano y con los ojos vidriosos y una sonrisa muda, respondió:

—Lo sé, Grego, volved pronto.

Y así, con un beso, se despidieron.

Capítulo 4. Una nueva vida

No corrían, ni siquiera tenían la sensación de estar huyendo. Ya había amanecido, aún el verano pesaba. Las calles estaban vacías, nadie salía a trabajar. "¿Dónde están todos?", pensó Doroteo.

Sin hablar, con paso tranquilo, llegaron al camino. De pronto, Doroteo se paró en seco, Gregorio lo miró como si supiese lo que por su cabeza estaba pasando. Doroteo apretó el puño sujetando aún con más fuerza el zurrón donde llevaba los dulces que les habían preparado. Dando media vuelta, tratando de conservar la compostura, se quedó mirando el pueblo.

Aquella imagen, ya a lo lejos, refugiados entre las cepas de garnacha y el terruño polvoriento, observaron una última vez las siluetas de los tejados que tantas historias habían vivido. Doroteo recordó su niñez y a su padre Saturnino, ese hombre corpulento, de manos grandes y barba frondosa. Recordó a su madre, que lo reñía y cubría en besos por partes iguales. Apretó aún más el puño de rabia, de impotencia y hasta de pena. Pensó "volveremos a vernos", convencido de que aquello era lo único que humanamente se podía permitir pensar.

Gregorio, respetando la distancia, se le unió, dejándose envolver por sus recuerdos. Cerró los ojos, como una estatua, casi más como un espectador que no ha pagado la entrada de la función, se escondió en ellos. Esbozando una leve sonrisa, revivió fugazmente muchos de ellos. En su cabeza retumbaban risas, llantos, abrazos…

De pronto, una imagen le vino a la mente. Ella, siempre ella. Tumbada en la cama, tan agotada como feliz, acunando en sus brazos a su primer hijo. "Era tan pequeño y ella tan hermosa", pensó de pronto.

Viajó por sus recuerdos, hasta que se perdió tan lejos que sintió que no quería volver. Se despertó bruscamente, como si alguien lo arrancase de su ensoñación.

—Debemos aguantar —dijo en voz alta—. Doroteo, amigo —pero Doroteo no respondía, él también estaba lejos—. ¡Doroteo!

Por fin reaccionó. Doroteo tenía los ojos vidriosos, de pena, de rabia. Por fin, sus miradas se encontraron.

—Doroteo, debemos aguantar —volvió a repetir dando un paso adelante.

Doroteo giró la cabeza y, sin mirarle, respondió:

—Nos podrán arrebatar la vida, pero no nos podrán arrebatar la dignidad —con fuego en la mirada, se clavó en su cuñado.

Gregorio se acomodó la escopeta con el aplomo que le caracterizaba.

—Debemos aguantar, por todos ellos —hizo una pausa—. ¡No nos robarán la libertad!

Doroteo reanudó la marcha. Gregorio lo imitó, poniéndose a su lado, como siempre, incondicionales. Poco a poco se fueron confundiendo con el paisaje, hasta fundirse con el monte.

Mercedes y Águeda seguían en el corral. No hablaban, no podían hacerlo, ninguna quería oír lo que la otra tenía que decir. No era miedo, era prudencia. "¿Habrían conseguido salir?", pensó Águeda.

Mónico había vuelto al salón con los muchachos. Estaban abatidos, casi como si les hubiesen arrancado la esperanza. Mónico cogió el rosario y comenzó a rezar.

Aquella paz, ese refugio silencioso, se rompió. Alguien llamó a la puerta enérgicamente. Dominga miró aterrorizada a su hermano Isidro: no había tiempo, debía esconderse.

El joven, de un salto, corrió en dirección a su refugio, con la esperanza de que no fuesen ellos. Mercedes, no se movía, no podía, tenía la sensación de que algo la tuviese amarrada al suelo. Le pesaba el cuerpo, ya no tenía fuerzas.

Aquel ruido atronador seguía sonando. Los que esperaban ser invitados, empezaron a gritar:

—¡Mujer, sal, abre la puerta!

"Sí, son ellos", pensó Mercedes.

Se levantó lentamente. Águeda la siguió. Vagando entre las sombras como dos animas, abrieron la puerta con los ojos enrojecidos.

De un empujón, dos hombres abrieron la puerta de par en par entrando en la casa. Ellas se tambalearon, pero a duras penas consiguieron mantenerse firmes. Dieron un paso atrás y los dejaron pasar.

—¿Dónde están? —dijo uno, al que no conocían.

Ellas no contestaron.

—¿Estáis sordas? —se giró furioso hacia ellas—. ¡Os he preguntado que donde están!

Ellas siguieron sin responder. Mónico corrió a socorrerlas.

—Caballeros, no ven lo afectadas que están después de lo ocurrido ayer. No saben a qué se refieren, aquí no hay nadie —dijo Mónico intentando aparentar tranquilidad.

Aquel desconocido, lentamente, con gesto desafiante, se giró hacia al sacerdote. Agarró su escopeta, se la puso en el pecho y le respondió:

—¡Cállate, curilla, que tú no te vas a salvar tampoco!

Mónico no se movió, ninguno de ellos lo hizo. Simplemente respondió:

—Si ha de ser así, que así sea. Pero les repito que aquí no hay nadie, solo mujeres, niños, y yo.

Un grito ensordecedor invadió la casa. Era Aurora.

Los milicianos se echaron a reír.

—Anda, mira, ¡si está viva! —dijo uno de ellos con tono jocoso.

Mercedes se dio media vuelta y, excusándose, les dijo:

—Señores, si me disculpan, tenemos una mujer embarazada. Si no se les ofrece nada más —señaló la puerta de la casa, mirando fijamente a aquel hombre que osaba invadir su mundo.

Él se echó al hombro la escopeta y movió la cabeza indicándoles que retomasen la marcha hacia la puerta. Antes de salir, sin mirarlos:

—No se piensen que no volveremos. Vamos a volver —se hizo una pausa— y nos lo quedaremos todo —volvió a pausarse—. Y cuando eso suceda, arrasaremos con todos los que estén.

Salió por la puerta. Águeda cerró de un portazo que hizo temblar los muros. Los tres corrieron a ver a Aurora. Dominga ya estaba allí.

Con el rostro pálido, se acercó a su madre y le dijo susurrando:

—Mamá, está sangrando mucho.

Mercedes, calmada, con la experiencia de haber traído cuatro personas al mundo, le cogió la mano a su hija y le dijo:

—Hija, manda llamar a la matrona. Trae paños, palanganas con agua. Hay que sacar a ese niño.

Dominga se apresuró, corrió a buscar a Justo, había venido temprano para ayudar con los animales, debía estar en el corral.

—¡Justo! ¡Justo! —gritaba tan fuerte como le permitían sus pulmones—. ¡Justo! ¡Ayúdame, Justo!

Justo la escuchó. Angustiado, corrió a buscarla. Se encontraron en la puerta de las cuadras. Él, al verla, enmudeció. Nunca la había visto así.

—Justo, Justo —se paró intentando ordenar lo que necesitaba decirle—. Es Aurora, la vecina. Está de parto.

Él no entendía nada, no sabía lo que había sucedido. Desconcertado, preguntó:

—Señorita, ¿qué sucede?

Dominga se dio cuenta de que él no entendía qué estaba pasando.

—Justo, ahora no te lo puedo explicar. Lo haré luego. Necesito ir a buscar a la matrona. El médico lo mandamos llamar anoche, pero no ha aparecido. Necesito que nos ayudes.

De las cuadras salió Don Julián, el veterinario de la zona que había venido con Justo a ver a los animales, como llevaba haciendo periódicamente desde hacía muchos años.

Al verlo, Dominga corrió hacia él. Don Julián, un hombre joven, de aspecto amable, bien vestido y por suerte, gran amigo de la familia.

—Don Julián, ¡qué alegría verle! —se giró mirando a Justo—. Necesitamos ayuda, Aurora está de parto.

Don Julián, sin mayor dilación, preguntó:

—¿Dónde está?

Tiró todo lo que tenía en las manos y se puso en marcha.

—En la habitación de la galería del fondo —le frenó con la mano y mirándole a los ojos continuó—. Está sangrando mucho.

Él asintió con la cabeza:

—Justo, vete a la cocina y pon agua a calentar. Necesito que esterilicemos material. Lo tengo en mi maletín, en el corral —señaló en dirección a donde tenía su maletín— Corre, ¡ve a por ello!

Justo lo escuchaba atento, había atendido muchos partos, cirugías y curas de animales con Don Julián. Pero nunca una como esta.

—Don Julián, ¿traigo también paños?

Dominga los miró y dijo:

—Justo, no te preocupes, yo se los llevo.

Desobedeciendo a su madre, Dominga saltó a la calle, corriendo todo lo que le permitían sus piernas, ajena a las miradas desafiantes de la milicia, que estupefactos la observaban. Se dirigió a la casa de la matrona. Se remangó la falda y las enaguas, los zapatos se le salían, no eran apropiados para correr. Así que se paró, se los quitó, y reanudó la marcha. Aquella imagen revolucionó a las mujeres que curiosas no podían dejar de seguirla desde sus escondites. Dominga Lillo Gómez del Campo, toda una señorita bien educada, corría enérgica, con la falda amarrada y sin zapatos.

Golpeó el llamador de la puerta tanto como pudo. Nadie respondía. Retiró la cortina de la puerta y, cuando se disponía a llamar otra vez, se dio cuenta de que la puerta estaba abierta. Cautelosa, entró:

—¿Hola? ¿Doña Felipa? —miraba observadora a su alrededor—. ¿Hay alguien?

Recorrió el salón y los pasillos, temerosa de lo que se pudiese encontrar. De pronto, escuchó un golpe, sonó lejos. Sin decir nada, se fue acercando, se paró en la puerta, que estaba entornada, la empujó levemente, suspirando porque las indiscretas bisagras no diesen aviso de su llegada.

Según se abría la puerta, fue adivinando una silueta, un vestido, unos pies descalzos... hasta verla por completo. Acurrucada, arrinconada, temblorosa, descubrió a Felipa.

Dominga se agachó buscándole la cara. La tenía escondida entre sus manos ensangrentadas. La tomó por los brazos con delicadeza hasta que, poco a poco, rompió en llanto. De llanto pasó a suspiros, para terminar en un aullido casi desgarrador.

Las dos mujeres se abrazaron. Dominga no se atrevió a preguntar; la habitación estaba revuelta, como si alguien hubiese estado levantando hasta el último adoquín en busca de trofeo. Poco a poco la mujer se fue calmando, rendida al agotamiento de sus emociones; aún temblorosa, parecía una chiquilla frágil y vulnerable. Dominga la sostenía compasiva. Felipa, con los ojos enrojecidos y la cara inundada en pena, le dijo:

—Hija, esos hombres vinieron anoche... —Dominga se dio cuenta de que apenas podía moverse, algo le pasaba.

—Felipa... ¿puedes levantarte? —preguntó temerosa.

Felipa rompió en llanto al escuchar la pregunta de Dominga. Alarmada, se separó un poco de Felipa, e insistió:

—Felipa, escúchame. Dime, ¿te han hecho algo?

La mujer no podía dejar de llorar. Avergonzada, se levantó la falda y las enaguas; le costaba ponerse en pie. La joven apenas podía respirar, Felipa tenía las piernas llenas de heridas, golpes y hasta alguna quemadura. La mujer, con gran esfuerzo, se apoyó en el filo de la cama con la ayuda de aquella chiquilla que, con sorprendente entereza, la sujetaba. Dominga la ayudó a desvestirse poco a poco, y ambas fueron descubriendo como si de un mapa se tratase, todas las magulladuras que aquellos ropajes escondían.

Dominga se sentó a su lado. Felipa le pareció aún más mayor de lo que siempre le había parecido, quizá sería algo mayor que su madre, pensó. Tenía el pelo enmarañado, más canoso, la piel más suave y arrugada. Dominga se dio cuenta de que Felipa ya no tenía la espalda erguida. Aquella mujer que tenía el don de obrar el milagro de la vida era casi una anciana. Nunca la había visto enfadar, es más, no recordaba un momento que no la viese sonreír. Siempre había pensado que Felipa tenía el mejor trabajo del mundo, curar personas y traer vida a este mundo, incluida la suya y la de sus hermanos.

Se levantó en dirección al lavabo. Cogió el lavamanos, lo llenó de agua, cogió una pastilla de jabón, y rebuscó paños limpios. Felipa la observaba y al cabo de un rato de la infructuosa búsqueda, le indicó:

—Los paños están aquí, hija, debajo de la cama en una caja —hizo una pausa, estaba cansada y dolorida—. No alcanzó a cogerlos.

Dominga se agachó a cogerlos. Con el mismo cariño con el que Felipa siempre la había cuidado, los mojó en agua y jabón, los escurrió, y con delicadeza los fue pasando por las heridas. Primero la cara, después los brazos, escuálidos y amoratados. Pasó al torso. Primero la espalda, después las costillas y el abdomen. Al rozarla, Felipa se estremeció tratando de mantener la fortaleza, pero Dominga se dio cuenta de que le dolían las costillas. Sus manos dudaron por un momento de los próximos pasos. Felipa sintió ternura y se dio cuenta de que aquella chiquilla estaba sufriendo al verla así.

—Dominga, no temas, esto se me curará en unos días —trató de esbozar una sonrisa—. Son solo golpes.

La saliva le pasó por la garganta densa y dificultosa, mientras mojaba y escurría el paño de nuevo. Felipa la guiaba paciente. Una vez terminó, la anciana le señaló con la mano el armario. Dominga lo abrió. El armario olía a lavanda y entonces recordó que su madre siempre le decía que había que hacer saquitos de lavanda para ahuyentar a las polillas. Parecía una revelación aquel descubrimiento y ese pensamiento, sencillo y sutil, la mantuvo suficientemente ocupada, tanto como para olvidarse de lo que estaba sucediendo en realidad.

Buscó hasta que encontró un vestido y unas enaguas ni muy ceñidas ni muy amplias, con el bordado justo y un color sufrido. Dominga pensó para sí que eso sería lo mejor, ya que algunas heridas aún sangrarían y así podría disimularlo mejor. Felipa la esperaba pacientemente, observando la minuciosidad con la que elegía la ropa.

Por fin, con todo preparado, la ayudó a vestirse. Despacio, obviando el objetivo con el que había recorrido veloz las calles del pueblo. No era el momento, debía dejarla descansar. Felipa, ya vestida, se atusó el cabello; hoy debía hacerse algo sencillo.

—Dominga, ¿por qué has venido a visitarme? —levantó la mano lentamente y le cogió la cara dulcemente por el mentón para que la chiquilla la mirase.

—Nada Felipa, tienes que descansar —respondió evitando mirarla.

Felipa, que era una mujer experimentada, había adquirido la inmensa habilidad de leer lo que la gente no se atrevía a decir.

—Hija, estoy bien —sonrió levemente, con los ojos aun vidriosos—. Déjame que te ayude —suavemente le giró la cara para que, por fin, sus miradas se cruzasen.

Dominga no podía contener las lágrimas, no podía hablar, necesitaba serenarse, así que cerró los ojos con fuerza y recordó que le había prometido a su padre ser fuerte y proteger a su madre y hermanos. Se agarró la falda, y, dejando de lado el protocolo que la caracterizaba, se ayudó para secarse la cara y recomponerse.

—Felipa, venía a buscarte porque... —dudó en como empezar— Aurora esta de parto y necesita ayuda. Está Don Julián ahora mismo con Justo, mi madre y mi tía —hizo una pausa—. Anoche —titubeó antes de seguir— anoche, la milicia cogió a su marido y....

Notó cómo de nuevo las lágrimas amenazaban con salir. Sintiendo que perdía el control, hizo una pausa, apretó los labios, miró al techo y siguió:

—Anoche lo mataron, Felipa —súbitamente se giró a mirarla en búsqueda de algún tipo de reacción, pero Felipa solo la miraba atenta—. Anoche lo mataron en el camino, y a ella, antes de que se lo llevaran, la golpearon con la escopeta.

Felipa asintió con la cabeza. Puso las manos en el filo de la cama, tratando de levantarse.

—Vamos niña, no hay tiempo que perder.

Dominga estaba sorprendida, ¿cómo era eso posible? Aquella mujer, casi anciana, magullada y dolorida, que apenas podía levantarse, estaba dispuesta a cruzarse todo el pueblo para ayudar. Se había quedado inmóvil, mientras Felipa se levantaba.

—¡Dominga! —la llamó, dándose cuenta de que la chiquilla se había perdido en sus pensamientos—. Dominga, levanta, ayúdame, tenemos que irnos. Aurora necesita toda la ayuda posible.

Dominga, se levantó y la tomó por el brazo.

—Hija, necesito que cojas mis cosas. En el armario del despacho de mi marido hay un maletín de color cuero, ¡corre, cógelo!

Dominga conocía bien aquella casa, había jugado tantas veces por los pasillos que la podría recorrer a ciegas. Abrió el armario, cogió el maletín y se apresuró a buscar a Felipa que, aunque lentamente, ya casi la había alcanzado en el pasillo cerca de la entrada.

Felipa estaba casada con uno de sus tíos y sus primos, de la edad de su hermano Isidro; ellos también estaban escondidos. No se atrevió a preguntar. Fugazmente, pasó por su cabeza la idea de que aquellos hombres podían haberlos encontrado la noche anterior. Retumbaba en su cabeza esa imagen, mientras se acercaban a la puerta.

Antes de salir se miraron, como si aquella pudiese ser la última vez. Dominga salió primero, le tendió la mano a Felipa para ayudarla.

Los mismos hombres que habían mirado curiosos e, incluso algunos hasta furiosos, a Dominga en su carrera, ahora las miraban burlones. Como si ver a aquella mujer malherida, acompañada de una chiquilla, fuese un triúnfo. Dominga no se achicó, Felipa le apretaba el brazo con la mano y susurrando le dijo:

—La cabeza bien alta hija, eres una Gómez del Campo —sentenció orgullosa.

"Eres una Gómez del Campo". Esa frase se le metió en los huesos, le caló el alma y la acompañó hasta el final de sus días. Con la mirada fija, recorrieron las calles hasta que llegaron.

Dominga abrió la puerta, su madre la esperaba. Pudo leer la angustia en su mirada, el terror de pensar que hubiese salido sola y le hubiese podido pasar algo. Dominga ayudó a Felipa a entrar, y la acompañaron a la habitación donde Aurora esperaba.

Felipa se acercó al lavabo y se lavó las manos a conciencia. Sin mediar palabra, se acercó a Don Julián, que llevaba un rato limpiando y ayudando a alumbrar a aquella mujer, sin mucho éxito. Las experimentadas manos de Felipa auscultaron a la parturienta; Felipa se giró hacia Don Julián y Justo, y les dijo:

—Pónganse aquí a mi lado, y hagan lo que yo les diga.

Su rostro no mostraba preocupación, aunque todos sabían la gravedad de la situación. Si aquella hemorragia no paraba, perderían a ambos. Aurora, agotada, apretaba la mano de Águeda que se había sentado a su lado a ofrecerle agua.

Mercedes y Dominga observaban desde la puerta. Mercedes le cogió la mano a su hija. Aquella caricia era un gracias, era un suspiro de alivio, era el saber que, aunque se enfadase con ella, no habría conseguido que su hija no hiciese lo que había hecho, arriesgarse ella, en lugar de otra persona.

El tiempo pasaba mientras ellos seguían cambiando agua, desinfectando, trayendo más paños limpios hasta que, por fin, un llanto agudo, rabioso, anunciaba que la vida por fin se abría paso.

Mercedes y Águeda cogieron al bebé: un niño precioso, rollizo, rosadito, de pelo oscuro y manitas pequeñas. Lo limpiaron con cuidado y lo abrigaron, mientras Felipa y Don Julio terminaban con Aurora.

Pasados unos minutos, por fin, salió Felipa de la habitación. Esta vez parecía que se movía con agilidad; era la misma adrenalina la que la mantenía. Estaba sonriente:

—Aurora estará bien —todos se miraron aliviados—. Necesita descansar, pero estará bien.

Hubo un momento de júbilo, Dominga corrió a abrazarla y por un segundo se olvidó de las magulladuras que tenía la mujer, pero Felipa no titubeó, sino la abrazó.

—Dominga, cuando Aurora se despierte, prepárale algo caliente para que coma, ha sido un parto complicado y largo —levantó la vista, como buscando algo—. Y el niño, ¿dónde está?

Lo tenían Mercedes y Águeda que estaban en el salón, a la espera de lo que indicase Felipa. Dominga la tomó por el brazo y la acompañó hasta allí, donde esperaban las dos mujeres acunando al pequeño.

Don Mónico, Don Julián y Justo habían salido de la habitación. Todo en aquella casa cambió. Don Mónico miró por la ventana de la galería y se dio cuenta de que ya casi era de noche. "¡Que rápido ha pasado el tiempo!", pensó. Ensimismado, vio como Don Julián y Justo caminaban por la galería en dirección al salón donde estaban las mujeres. Él esperó un momento. Llamó a la puerta con cuidado, por si Aurora dormía. Ella no respondió. Abrió levemente la puerta, queriendo comprobar que estaba bien. Tumbada, esperaba con la mirada fija en el techo. La imagen tintineaba con la luz de una vela que tímida iluminaba su silueta. Aurora lo miró lentamente, sin que ninguna palabra ni gesto saliese de su cuerpo.

Don Mónico lo entendió y, arrodillándose a los pies de la cama, inició una oración. Ella unió sus manos con las pocas fuerzas que aún tenía.

—Dios, Padre todo poderoso, pedimos por esta madre, para que pueda cuidar de sus hijos, y no les falte de nada —Mónico, arrodillado, se encomendó al señor—. Pedimos por el alma nuestro hermano Aquilino, marido, padre, hermano e hijo. Fiel compañero, que ayer fue vilmente asesinado y no verá crecer a sus hijos. —Aurora, sin llorar, con las manos ya hechas puños apretados contra su boca, solo escuchaba—. Señor, ayúdanos a perdonar.

Y así, como si de una melodía se tratase, ambos entonaron una oración, detrás de otra, hasta que alguien abrió la puerta. Era Mercedes, traía al pequeño en brazos.

Se lo acercó a su madre para amamantarlo. Su madre lo miró, puso su naricita contra la suya. Era tan pequeño. Le agarró un dedo con su manita y, con el amor profundo de una madre, se lo acercó al pecho.

Capítulo 5. La última visita

Se escuchó un ruido entre la maleza. Doroteo, alarmado, dio un respingo y agarró la escopeta. Se levantó todo lo ágilmente que pudo, ya no tenía veinte años, y se escudó en el tronco de un olivo. Cargó la escopeta y apuntó. Su respiración se entrecortaba, intentando que pasase desapercibida. Con la mirada fija, apenas sin parpadear, esperó paciente. "¿Será un jabalí?", pensó. De pronto, el ruido cesó y dejaron de moverse los setos.

"¡Qué extraño!", se repitió para sí mismo. Aguardó unos minutos, por si aquella bestia o lo que Dios quiera que fuese retomaba la marcha. Pero no se movió. Silencioso, escopeta en mano, con el cañón listo para abrir fuego, se dirigió al origen de su incógnita. De pronto, sutilmente escuchó un quejido. Casi parecía humano, o eso creía él.

Extrañado, se colgó la escopeta al hombro y caminó decidido. Abrió con las manos la maleza, buscando y rebuscando. No había nada. Se dio media vuelta y, al desandar sus pasos, un reflejo un poco más arriba de los setos llamó su atención.

Frunció el ceño. Aquello era ciertamente extraño. "¿Qué ha sido ese gemido?", volvió a preguntarse. De repente, los setos se volvieron a zarandear, esta vez como si aquel ser quisiese ser encontrado, y una voz, esta vez, claramente humana, salió de ellos.

—Por favor, ayúdeme —dijo con esfuerzo, casi parecía que le faltaba el aire.

Doroteo lo soltó todo y corrió a socorrerle. Se sacó la navaja de la funda del cinturón, y se fue abriendo paso, quitando una tras otras ramas, leña, hojas… hasta que por fin lo encontró. Un hombre de avanzada edad, o eso le parecía, tendido boca abajo, apenas podía mover las manos y la cabeza. Doroteo dio vueltas por unos segundos, hasta encontrar la forma menos dolorosa de sacarlo de ahí. No le veía la cara, no sabía su nombre.

—No se preocupe, aguante, le vamos a ayudar —dijo Doroteo susurrando confiado.

Él sabía que no podía gritar pidiendo ayuda, no era prudente hacerlo. Debía sacarlo y cargarlo solo hasta llegar donde estaban los demás. Lo tomó por los brazos y, con cuidado, le dio la vuelta mientras, cargándolo con su cuerpo, lo levantaba para sacarlo de ahí. Por fin lo consiguió y lo tumbó en el suelo cerca del olivo donde con anterioridad se había resguardado. Buscó en su bolsa la bota de agua y le dio de beber. Aquel hombre, con la cara llena de sangre, no tenía fuerzas ni para abrir los ojos. Doroteo le ayudó a incorporarse, mientras con la otra mano buscaba en su zurrón un mendrugo de pan, o algo que aquel hombre se pudiese echar a la boca. Paciente y con delicadeza, esperó a que se fuese recuperando, mientras escudriñaba cada centímetro de su cuerpo en busca de señales. Tenía el rostro ensangrentado. De pronto, reparó en algo: su ropa no estaba solamente sucia, estaba llena de sangre viva y barro. "Señor, se está desangrando", pensó.

Se incorporó, lo agarró por el brazo y le ayudó a levantarse. El desconocido estaba tan debilitado que ni se quejaba.

—Venga, amigo, apóyate en mí —le dijo Doroteo— voy a llevarte a un sitio seguro, aguanta.

El hombre, en un susurro, le respondió:

—Gracias, Doroteo.

Doroteo se quedó impactado al escuchar su nombre. Lo cargó en su hombro y se puso en marcha. Era un hombre menudo, pero hasta el más menudo de los hombres pesa como una losa cuando la voluntad no le permite ayudar. Doroteo cogía aire, paraba, retomaba la marcha. Debía llegar donde aguardaban el resto de los hombres.

Lo que en otras ocasiones había sido un trayecto corto, en esta ocasión se estaba convirtiendo en un arduo camino. Por fin los vio. Se puso los dedos en la mano y silbó tres veces.

Gregorio reconoció el silbido, se incorporó y, al ver a Doroteo cargando a aquel hombre, salió corriendo a ayudarle. Matías y Cecilio se levantaron tan rápido como pudieron a ayudar, y así entre los cuatro, con cuidado, cogiéndolo de brazos y piernas, lo terminaron de subir a su escondite.

Estaba casi inconsciente. Su respiración era leve, casi imperceptible. Matías, que era veterinario de oficio, palideció al mirar más detenidamente a aquel hombre.

—Doroteo, alcánzame mi bolsa, una bota con agua y otra de vino.

Doroteo obedeció. Matías desenfundó su machete y se arrancó un trozo de la camisa. Era de lejos, lo menos sucio de todo lo que tenían allí. Con el mismo machete, le abrió la camisa a aquel hombre. Incapaz de decir nada, levantó la vista, lentamente. Mojó el trozo de camisa, limpiándolo y comenzó a quitar la sangre para ver la envergadura de las heridas. Le habían apuñalado y golpeado. Matías se quitó el chaleco y lo presionó contra las heridas.

—Cecilio, presiona aquí, hay que parar esta hemorragia.

Cecilio obedeció sin mediar palabra.

Matías recorrió con su experta mirada el resto del cuerpo, hasta llegar a su cara. Ensangrentada, desfigurada, hacía casi imposible reconocerle. Frunció el ceño y su respiración se aceleró, sus ojos empezaron a moverse más rápidamente.

—¡Benito! —exclamó—. ¡Es Benito!

Se miraron; hasta el monte se mantuvo en silencio. Cientos de incógnitas pasaron por sus mentes, ya habían pasado varios días desde la última vez que bajaron al pueblo. Benito, Justino y Tiburcio, estaban en otro de los grupos de hombres, no los habían visto desde que aquella noche cuando consiguieron salir del castillo.

—Matías, ¿está muy mal? —preguntó Gregorio.

Él lo miró, hundido, con una mezcla de rabia y pena, a partes iguales. Tragando saliva e intentando transmitir calma, respondió:

—Hay que conseguir que no pierda temperatura esta noche. Debemos llegar a alguna zona donde refugiarle de la intemperie. Si conseguimos que no pierda temperatura, que la hemorragia pare y coma algo, con suerte, sobrevivirá.

Gregorio se levantó. Conocía bien la sierra, tanto casi como su cuñado Doroteo. Corrió a coger su escopeta, y sin perder un segundo, saltó entre las matas hasta que se le perdió la vista.

Los demás lo esperaban pacientes mientras, abatidos, miraban a su amigo. Rogando por su vida. "¿Qué habrá sucedido?", pensó para sí Doroteo. "¿Dónde estarán los demás?"

Escucharon un ruido agudo, repetitivo. Era Gregorio que les llamaba. Había encontrado el escondite perfecto. Doroteo lo buscó con la mirada, pero no alcanzaba a verlo. Su cuñado apareció de entre la maleza, escopeta al hombro, serio y con semblante preocupado.

—Vamos, hay que ponerle a salvo. Ahí estaremos bien.

Lo volvieron a cargar. Con cuidado y a ritmo de marcha militar se dirigieron al nuevo refugio.

Unos malos pasos, unas piedras traicioneras, algún que otro tropezón, pero llegaron y, como en la vez anterior, cuidadosamente, lo colocaron.

Gregorio se alejó, Matías se acercó a él.

—Primo, debo bajar al pueblo. Hay que conseguir antisépticos y necesito material para suturar esas heridas. Si se infectan, no podremos hacer nada por él —le dijo mientras lo miraba, pero Gregorio solo observaba "el mar de La Mancha y sus colores".

No respondió, sabía que Matías tenía razón. También sabía que, si Matías bajaba, lo más probable sería que no volviese. Pero lo que ambos tenían claro era que alguien debía de ir, porque Benito habría hecho lo mismo en su lugar.

Gregorio, aún sin decir nada, asintió con la cabeza. Se giró a mirarlo y le tendió la mano. Se la estrecharon.

Matías era el primo de su mujer, se había casado no mucho antes de que todo aquel caos comenzase. Era de los pocos que aún no había visto a su familia desde que habían conseguido escapar del castillo. Tenía dos hijas; la más pequeña, Purificación, de apenas dos años. En aquel momento, fue como si se sintiesen obligados a no despedirse y continuaron hablando.

—Saldré a medianoche y volveré al alba —dijo Matías.

—Te acompañaré hasta la entrada del pueblo por si hay hombres. Solo tendrás menos posibilidades —respondió Gregorio.

Sin necesidad de decirse nada más se sentaron a disfrutar de la imagen, de los tonos ocres de septiembre.

Llegó la noche. Doroteo, en su excursión donde había encontrado a Benito, había cazado unos conejos. Mientras los demás descansaban, él los había preparado para cocinarlos. Benito abrió los ojos y levantó la mano en busca de una mano amiga. Doroteo, al verlo moverse, se acercó a ayudarle. Había preparado lumbre, y quería ponerlo cerca para que se mantuviese caliente.

—Doroteo, ¿dónde está Justino? —dijo casi susurrando.

—No lo sé, Benito —contestó Doroteo apesadumbrado—, pero ahora descansa. Matías y Gregorio van a ir a conseguir material para tratar estas heridas.

Al escuchar aquello, Benito se agitó.

—¡No, no, no! —comenzó a gritar—. ¡No vayáis!

Doroteo, sorprendido, le puso la mano en el pecho intentando tranquilizarlo. Los demás, también sobresaltados, corrieron a ver que le pasaba a su amigo.

Benito comenzó a llorar y, balbuceando, siguió:

—No podéis ir, por favor, no vayáis.

Los hombres lo intentaban calmar, pero para aquel hombre no había consuelo posible.

—Benito, tranquilo amigo —le dijo Gregorio—. No temas, iremos con cuidado.

Benito, con la mirada ida, lleno de pánico, de pronto se calmó y, pausadamente, le acercó la mano a Gregorio.

—Gregorio, por favor, yo voy a morir igualmente —sentenció, mientras Gregorio negaba con la cabeza aquella afirmación—. No os arriesguéis por mí —sus ojos se encharcaron de nuevo—; ellos lo saben, saben que estamos aquí escondidos. Nos están cazando.

Aquella confesión cayó como una pesada losa sobre ellos, enmudecieron y un silencio profundo se apoderó del momento.

Las horas habían pasado volando, ya casi era el momento de emprender la ruta. Benito dormía a la orilla de la lumbre que, con prudencia como cada noche, apagaban para no ser descubiertos. Mientras se calzaba las botas, se había perdido en sí mismo durante un rato, descansando o disfrutando de los que, quizá, serían sus últimos momentos de libertad. Matías, aparentemente tranquilo, esperaba paciente mirando al suelo mientras dibujaba formas en la tierra. Sus dedos se movían al ritmo de sus pensamientos.

Era el momento, la noche había caído. Gregorio se cargó la escopeta al hombro y comenzó a bajar entre las matas por el monte. Matías lo siguió bajo la atenta mirada de sus compañeros. No se despidieron, no había nada que decir, nadie de quien despedirse, porque en sus cabezas solo existía una alternativa. Tenían que volver.

Se conocían el monte tanto de día como de noche. Habían sido cientos las veces que se habían encontrado en aquellos parajes cazando. Pero aquella ocasión estaba lejos de los festejos de otros años. No hablaban; sus pisadas eran casi imperceptibles. Nadie sabía dónde podían estar esperándolos.

Alcanzaron el camino al pueblo. Matías se frenó mientras Gregorio avanzaba con paso firme y decidido. De pronto, se dio cuenta de que estaba solo, que Matías se había quedado atrás. Dio media vuelta y alcanzó a verlo. Estaba a varios metros, erguido, pensativo. La saliva espesa, hasta casi dolorosa, recorrió su garganta como si tragase serrín. Lo sabía, lo sentía, así que se acercó a su lado y, en voz baja, le dijo:

—Matías, vamos, hemos llegado hasta aquí —le dio un momento de respiro para que pudiese volver en sí—. Matías, lo sé, sé lo que estás pensando, si lo prefieres, puedo ir yo.

Matías negó con la cabeza. Lentamente clavó la mirada en su primo.

—Solo te pido algo —Gregorio lo escuchaba atentamente, como quien quiere memorizar el mensaje—. Si no vuelvo, cuida de mi familia, primo. No permitas que les hagan nada.

Gregorio le tendió la mano para estrechársela. Aquella era una promesa que ambos sabían que debían cumplir.

—Primo, si es a mí a quien cogen, te encomiendo la misma responsabilidad.

Los hombres se estrecharon la mano y se regalaron un momento de paz antes de dar el siguiente paso.

Se escuchó un ruido, voces, alguna carcajada y a varios metros les pareció ver luz en el camino.

—Matías, vamos por los viñedos, hay que alejarse y dejar que pasen de largo —le susurró—. Corre, ven por aquí. Hay que cruzar esta viña, al fondo donde la linde hay un resalto, nos refugiaremos allí.

Se apresuraron a esconderse antes de que el grupo los alcanzase.

—Paco, oye, ¿habéis escuchado eso? —dijo en voz alta uno de los hombres.

Estaban casi en su escondite, debían ser rápidos, los habían escuchado. En sus cabezas retumbaban las palabras de Benito: nos están cazando. Alcanzaron la linde y se echaron al suelo presionando sus cuerpos contra la tierra arcillosa. Bien podría decirse, que apenas podían respirar, para no hacer el más mínimo ruido.

Los hombres se habían parado en el camino, intentando alumbrar.

—Esteban, métete por ahí, a ver si ves algo —dijo el tal Paco.

Esteban agarró la luz, y se aventuró por la viña en dirección a Matías y Gregorio. Gregorio reptó para verlo de reojo, mientras aquel desconocido se adentraba en su búsqueda. Lentamente acercó su mano a la escopeta, pero Esteban se paró.

—Paco, ¡aquí no hay na! Habrá sido un guarro —espetó, mientras volvía al camino.

Al acercarse, alumbró al grupo. Gregorio pudo verlo, debían ser unos 20 hombres. Estaba claro, los estaban buscando.

La contestación de Esteban pareció satisfacer al tal Paco que le echó el brazo al hombro en tono jocoso y le dijo:

—Venga Esteban, a ver si rematas, muchacho, que te dejaste ir al Benito.

Se escucharon risas.

—Naaa Paco… no anduviera mu lejos, lo he dejao listo pa' la estocada final —contestó Esteban, riéndose.

Los demás le siguieron la broma.

—Pos vamos, que hay que encontrarlo. Además, me dijo el Alfredo, que aún faltan cuatro más —dijo Paco.

Gregorio cerró los ojos, se estaban refiriendo a ellos.

—Sí, Paco, dicen que están escondios en el monte —contestó otro.

—Muchachos, pues ala, ya saben, hasta que los encontremos. Vamos a tirar pa' el monte y volveremos cuando estén los cinco donde tienen que estar —soltó una carcajada—. ¡En el agujero!

Soltaron una carcajada que retumbó por toda la sierra, mientras recobraron la marcha.

Matías y Gregorio esperaron, aún en sus escondites, pacientes, intentando encontrar el momento de coger aire. Gregorio se dio la vuelta y se tumbó boca arriba, mirando al cielo, aún con la escopeta en la mano. Matías no se movía.

—Matías, es el momento, vamos, debemos continuar.

Matías lo miró perplejo. ¿Qué debían hacer, seguir con su plan? Aquel grupo iba en dirección a su escondite y no tenían forma de avisarlos.

—Gregorio, iré yo solo —antes de que Gregorio se opusiese, continuó—. Escúchame, amigo. Yo iré al pueblo, tú debes intentar llegar antes que ellos y avisarles. Benito no se puede mover, y los cogerán a todos.

Matías tenía razón, pero Gregorio no quería dejarle solo.

—Mañana por la noche, si no he vuelto, será que no he conseguido nuestro objetivo.

Gregorio asintió, se levantó y le dijo:

—Suerte, Matías. Que Dios te acompañe. Nos vemos pronto.

Matías lo vio avanzar, agazapado entre los viñedos. Matías, cada vez más rápido, se acercaba al pueblo. La oscuridad fue desapareciendo y las calles que tantas historias podrían contar de ellos, que poco tiempo atrás se llenaban de vida, niños jugando, familias sentadas en las noches al fresco, ahora estaban vacías. Matías debía ir con cuidado, no sabía hasta qué punto aquel era el único grupo de hombres que había en el pueblo. Recorrió los rincones, silencioso, escopeta en mano, rezando para sus adentros por jamás tener que usarla. Estaba cerca de su casa, muy cerca, tanto que ya podía verla. Había luz en la ventana, se acercó y miró con prudencia, por si no era su señora la que ocupaba la cama. Pero sí, era ella. Tomó un momento para observarla. Estaba acunando a su hija pequeña, la tenía en brazos mientras la pequeña se dormía. Con ternura le acariciaba la carita y le cogía las manitas, mientras en casi un susurro le cantaba una nana.

Matías se sobrecogió al verlas. Cuánto las había echado de menos.

Con cuidado llamó a la ventana, despacito para no asustarlas. Su mujer se sobresaltó y corrió a taparse con una toquilla. Lentamente, se acercó a la ventana y con un dedo apartó la cortina. Al verlo, se apresuró a abrirle la puerta.

Él entró en la casa y las abrazó. Lloraron, se besaron, Matías le acarició el pelo y la cara mientras le susurraba:

—Tranquila, estoy aquí. Os he echado mucho de menos.

Elisa no podía dejar de llorar con su cara escondida en el pecho de su marido y su pequeña en los brazos. El aguardaba paciente a que Elisa recuperase la serenidad.

—Pensaba que te habían cogido —le dijo entre sollozos—. Os están buscando.

Él solo le besaba el pelo con la mirada fija en la pared donde tenían la foto de su boda, pocos años atrás.

—Matías —ella dio un paso atrás como si supiese que su mente estaba en otro sitio, y aún con los ojos encharcados—. ¿Dónde están los demás?

Él sonrió.

—Pssss, tranquila, estoy aquí, todo va a ir bien.

Ella no entendía que quería decir. ¿Cómo podía ir todo bien?

La pequeña se despertó y emitió un pequeño llanto. Al ver a su padre, le echó los brazos. Estaba desaliñado y sucio, pero aun y con eso, lo reconoció. Él la abrazó y se dirigió a la butaca del pasillo, lejos de todas las ventanas y puertas donde pudiese haber algún curioso inesperado. Se sentó y, con ternura, la acunó hasta dormirla.

Elisa fue a la cocina, encendió el fogón y calentó algo de comida. Matías parecía cansado. También puso agua a calentar para prepararle un baño. Fue a la habitación y sacó ropa limpia. Él solo miraba a su pequeña dormir. De pronto, se escuchó el crujido de una puerta. Matías se sobresaltó, pero no se atrevía a moverse. Unos pasos se acercaban, una sombra asomaba por el pasillo.

—¿Papá? —dijo una vocecilla.

Una niña menuda, con su pijama y el pelo enmarañado de dormir, lo miraba asustada desde el otro lado del pasillo.

—Papá, ¿eres tú? —volvió a repetir.

Entonces Matías le tendió el brazo que aún tenía libre y con los ojos llenos de lágrimas le dijo:

—Sí, hija. Soy papá.

La niña corrió a sus brazos y, cuando por fin la pudo abrazar, le dijo:

—¡Qué mayor y qué guapa estás, hija!

La pequeña lo abrazaba y, trepando por sus piernas, buscaba algún hueco en el que acurrucarse. Él acomodó a sus niñas como pudo. Sucio, cansado y magullado, pero feliz de verlas.

Y así pasaron los minutos. La cena preparada, el baño listo, y la ropa limpia dispuesta. Pero aquel hombre no había ido allí para comer, bañarse o cambiarse. Su mujer, al ver que él no venía, fue a buscarle. Los tres, como si de una sola persona se tratase, acurrucados, se habían sumido en un profundo sueño. Se acercó y les dejó un rato más, mientras ella disfrutaba de la imagen.

Cogió a su hija menor y con ternura la llevó a su cuna. Al cogerla, Matías se despertó y, con cuidado, cargó a su hija mayor y la llevó a su habitación.

La pareja se encontró en el pasillo. Elisa le cogió de la mano y le llevó al baño.

—¿Hoy dormirás aquí? —preguntó ella, con miedo de escuchar que no sería así.

Él, quitándose la ropa y metiéndose en el baño, contestó:

—Sí, hoy dormiré aquí —solo podía sonreír al ver a su mujer.

Ella asintió, más tranquila.

—Te he preparado algo de comer, voy a poner la mesa —se levantó y se dirigió a la cocina, pero él la alcanzó y le agarró de la mano.

Se volteó y le miró, entre asustada y sorprendida. Él sonreía en tono bromista.

—¿Te vas? —le dijo bromeando.

Ella se sonrojó, y le dijo:

—Ay, Matías, cómo eres —siempre había sido una mujer pudorosa, pero con tono cariñoso le contestó—. Anda, no tardes, te espero.

Matías se quedó en la bañera, aún sonriendo.

La noche le regalaba ventaja a Gregorio. Él se apresuró a adelantarse al grupo de milicianos. Tenía tan claro su objetivo, que ni la tierra arcillosa y húmeda podía frenarlo. Por fin llegó a la falda de la sierra. Se encontró rodeado de olivos y se concedió un minuto para tomar aire y escuchar lo que la maleza le quería decir. Los únicos sonidos provenían de aves, alimañas y el crujir rítmico de la vegetación seca después del verano.

Se recompuso, se atusó la ropa, y cargó de nuevo la escopeta al hombro. Echó mano en los bolsillos, para confirmar que tenía a mano la munición, respiró hondo y emprendió la marcha. Con la mirada fija y el cuerpo agazapado, acariciando las matas suavemente a su paso, se fue abriendo camino. Estaba muy cerca, casi podía verlos. No había humo; se alegró, habían sido prudentes y, a pesar del frío, habían apagado la lumbre. Por fin vio unas botas; más que unas botas, los pies calzados de un hombre dormido. Las reconoció, era Benito. Apresuró su paso, algo le había recorrido el cuerpo. No pudo evitar preguntarse si seguiría vivo.

Llegó, silencioso, con la respiración entrecortada, los puños cerrados y la mirada fija en su destino. Por fin los vio y se apresuró a arrodillarse al lado de su amigo, necesitaba averiguar si estaba bien. Le tocó el pecho y el cuello. Estaba caliente, respiraba; débilmente, pero lo hacía. Benito abrió los ojos y al ver a Gregorio sonrió brevemente. De pronto, su semblante se ensombreció y le tendió la mano a Gregorio, que la cogió y apretó contra su pecho.

—Benito, amigo —dijo Gregorio, mirándole a los ojos visiblemente afectado—. Vienen a por nosotros, están llegando.

Benito le apretó la mano y, con tranquilidad, le dijo:

—Debéis marcharos, yo no sobreviviré, en cualquier caso. No me hagas insistirte amigo, si no lo hacéis, no será mi perdida la única.

Una mano apretó el hombro de Gregorio, estaba tan absorto en la conversación que no se había dado cuenta de que alguien se había acercado. Se sobresaltó y, echando mano a la escopeta, se giró. Era Cecilio, que venía seguido de Doroteo. Se hizo un silencio tan profundo que solo el murmullo del monte podía atravesarlo. El suelo, rocoso y mullido a la vez por el musgo y la maleza, parecía temblar en protesta por los visitantes que cada vez estaban más cerca. Gregorio se cubrió la cara con la mano, aún de cuclillas y respiró profundo, tanto que casi parecía estar sollozando. Cecilio se agachó con una mano, tomó la mano de Benito y, con la otra, arrancó la rama de un enebro. Con el enebro en el puño, se lo puso a Gregorio delante de la cara:

—Soy Cecilio Gómez del Campo. Esto es nuestro y no nos lo arrebatarán —su voz temblaba de rabia.

Gregorio levantó la mirada, pero no era capaz de pronunciar palabra. Sabía que era el momento de tomar decisiones, sean las que fueren.

Cecilio prosiguió:

—Doroteo y tu debéis escapar. Yo me esconderé con Benito, conozco bien este monte. —Al ver que Gregorio no respondía, enfatizó—. Gregorio, tenéis que marcharos ya, vosotros podréis cuidar de nuestras familias.

Doroteo zarandeó a Gregorio mientras se incorporaba lentamente. Le tendió la mano a Cecilio, en silencio y como si de una sentencia se tratase, firmaron sus destinos estrechando la mano. Gregorio se agachó, seguido de Doroteo y con una leve mueca, sonrió a Benito:

—Aguanta, amigo, volveremos a por vosotros.

Benito les tendió las manos a ambos. Unas manos que en otra vida habían sido rudas, duras, ásperas en invierno y agrietadas en verano, siempre morenas de labrar el campo.

—Ha sido un placer compartir con vosotros este viaje. No os preocupéis, nos veremos al otro lado —dijo Benito sonriendo.

Le levantaron, Doroteo se abrazó con Cecilio. Gregorio esperaba paciente mientras repasaba aquel monte que tantas aventuras había vivido. Hubo un último adiós, pero ninguno lo dijo.

Capítulo 6. Por la familia

Habían llegado al umbral del pueblo. Sabían que en cualquier momento podrían verlos. Ligeros y silenciosos se movían por las calles, cada paso más cerca de sus casas. Se hicieron un gesto y se entendieron: ambos irían a casa de Gregorio y Mercedes, lo más seguro era que Águeda también estuviese allí. Ya estaban cerca; bordearon el parque al lado de la iglesia. Cautos, miraban las ventanas de las casas, por si alguien los hubiese visto. Recorrieron la fachada de la Iglesia y comenzaron a trepar la tapia de la casa. Ya casi lo habían conseguido.

De pronto, un estruendo los paralizó: alguien había disparado al aire. Doroteo ya estaba casi dentro del corral, mientras Gregorio aún estaba colgando de la tapia. Se giraron a mirar que era lo que estaba sucediendo y, poco a poco, varios hombres se estaban aproximando a ellos, escopeta en mano.

—¡Bájate de ahí! —les repetían una y otra vez mientras los encañonaban.

Doroteo le tendió la mano para ayudarlo a subir, pero era tarde: alguien tiraba de los pies de Gregorio.

Las ventanas y las puertas de las casas se empezaron a abrir y de ellas salieron mujeres y niños que, horrorizados, veían como aquellos hombres intentaban apresarlos. Pronto se abrió la puerta de la casa y aparecieron Mercedes, Águeda y Dominga.

Se apresuraron a ayudarlos, entre gritos y empujones; las demás mujeres del pueblo también se sumaron. Los hombres las apartaban, a veces con los codos, otras a patadas, y hasta en alguna ocasión con la culeta de la escopeta. Hasta que, a lo lejos, se escuchó un silbido, seguido de ruido sordo que retumbó por toda la calle, y el tumulto se paró de golpe.

Otro grupo de hombres subía la calle, venían con mulas. Se hizo el silencio y todos miraron hacia allí, reían y bromeaban. Todos, menos uno. Mercedes pudo reconocerlo, era el mismo hombre que en varias ocasiones le había increpado. Llena de rabia, le cogió la mano a su hija. Las mujeres se apresuraron a coger a sus hijos y ponerlos a salvo. Gregorio, aún colgado, entornó la vista para ver que llevaban a alguien en la mulilla. Le costaba verlo, hasta que de pronto, se dio cuenta: era Benito. Doroteo y él cruzaron una fugaz mirada, tan llena de horror que, aunque hubiesen podido hablar, no les habrían salido las palabras. El grupo estaba cada vez más cerca, pero aquel hombre se adelantó, levantó la escopeta y aceleró el paso hacia ellos.

En el último segundo, se giró y encañonó a Mercedes. Ella, impasible, lo miró, y le soltó la mano a su hija. Pero Dominga no se movió de su lado. Aquel ser miserable, aquel cobarde, las miró sonriendo y dijo con voz tranquila:

—Solo me quedáis vosotros. O bajáis, o les pego un tiro.

Gregorio se descolgó de la tapia, mientras Doroteo desandaba la escalada. El tal Paco bajó la escopeta y se acercó a ellos. Agarró del brazo a Gregorio y le dijo muy bajito:

—Menos mal que te lo has pensado bien.

Gregorio no le contestó. Miro a Mercedes, que estaba erguida, agarrándose el vestido conteniendo la rabia.

Se paró en seco y le dijo:

—Por lo menos sé un hombre y deja que nos despidamos de nuestras familias.

Lo miró con desdén y le soltó el brazo. Gregorio se apresuró a abrazar a Mercedes y a Dominga. Doroteo corrió a abrazar a Águeda. De pronto, la puerta de la casa se abrió: salió el pequeño Gregorio secándose la cara con los puños de la manga, y corrió a abrazarse con su padre y a su tío.

Quizá solo fueran unos segundos, quizá fueran horas. Se paró el tiempo. Las mujeres lloraban en silencio abrazadas a sus hijos. Paco silbó, y gritando llamó al orden a los hombres:

—Traer al resto de hombres y los carros. ¡Nos vamos!

El pánico se apoderó de todo, las lágrimas brotaron, los corazones latiendo tan fuerte que se les salían del pecho. Angustia y confusión. Gregorio apretaba a su familia entre sus brazos.

Otro grupo de hombres, que a trompicones escoltaban a los prisioneros, se aproximaba. Ahí estaban, Matías, Cecilio y Mónico maniatados y visiblemente magullados, caminando con la cabeza alta. Paco se acercó a Gregorio y Doroteo, los empujó con el cañón de la escopeta y dijo:

—Andando, ¡que nos vamos!

Un último adiós, un último beso. Los subieron al carro a los seis, como si de ganado se tratase. Paco se subió delante y, capitaneando satisfecho, con un gesto de muñeca ordenó partir.

Mercedes tenía la sensación de ver aquella escena como si aquello no les estuviese pasando a ellos. Miraba a su alrededor, Águeda de rodillas rota de dolor, mientras las mujeres trataban de levantarla. Dominga sujetaba a su hermano Gregorio que estaba decidido entre llanto y gritos a seguir al carro, las mujeres de Benito, Cecilio y Matías abrazaban a sus hijos.

Pero ella estaba fuera de su cuerpo, agarrada a su vestido mirando fijamente el carro, mirando fijamente a Gregorio. Las mujeres lloraban, los niños, desconcertados, abrazaban a sus madres, los hombres victoriosos reían y bromeaban mientras seguían eufóricos a los que pronto iban a morir.

Gregorio miró a Mercedes, levantó su mano y apretó el puño contra su pecho, contra su corazón y con ternura, sonrió. Un hasta pronto lleno de cariño para ella, su gran compañera. Cientos de momentos los rodeaban, cientos de historias, risas, promesas, todas las cosas que jamás les robarían. Mercedes lo entendió, subió su puño al pecho, y lo apretó contra su corazón. Se habían hecho una promesa: juntos hasta el final.

El grupo de hombres se perdió en la lejanía, el eco de aquel jolgorio se había perdido entre el polvo del camino. Las mujeres, aún desorientadas buscaban consuelo y respuesta en Águeda y Mercedes, pero ellas no tenían consuelo que darles.

Mercedes se giró buscando a su hija y le tendió la mano. Tenía fuego en la mirada.

—Hija, no llores, tu padre y tus tíos no lo querrían—. Abrazando a su hijo pequeño y tendiéndole la mano a Águeda, prosiguió— Debemos hacer tus maletas, tus hermanos y tú tenéis que salir de aquí.

—Mamá, ¿y tú? —Dominga aguantaba las lágrimas, debía ser fuerte, pero el miedo, la pena y la rabia fueron más fuertes que ella, y comenzó a llorar.

Mercedes esbozó una mueca, con una mezcla entre ternura y pena:

—Yo, cariño, debo terminar lo que tu padre me ha encomendado. Pronto iré con vosotros —acarició la mejilla a sus hijos y les secó las lágrimas con la mano—. Mis niños… —dijo con voz temblorosa— cuánto siento que tengáis que vivir esto.

Arropándolos con sus brazos, entre Águeda y ella, los condujeron a casa. Si había un momento en el que ellos podían escapar de allí, era este. Se apresuraron a preparar las maletas, ninguno se hablaba. Las mujeres entraban y salían de la casa, ayudando a prepararlo todo. Algunas de ellas preparaban los dos carros: uno en el que iría el pequeño Gregorio con Dominga y otro para Isidro, pues irían por caminos distintos. Otras ayudaban con la ropa, y otras a prepararles algo de comer para llevar a sus respectivos destinos para ayudar con la manutención en el cuidado de sus hijos.

Mercedes se había encerrado en el despacho de Gregorio. Pluma en mano, con el pulso acelerado comenzó a relatar lo que estaba sucediendo. Le faltaba el aire, se ahogaba, sus manos temblaban y no conseguía plasmar lo que acababa de suceder. Tuvo que parar y taparse la boca: no quería que nadie la escuchase mientras un aullido le brotaba del pecho. El dolor era tan grande, tan profundo que, por primera vez, se dejó ir. Se sentó en el sillón donde tantas veces se había sentado él. Acarició los brazos, buscando las imperfecciones con las yemas de sus dedos; aquel cuero, que ya habría abrazado muchos cuerpos, la rodeó. El aroma de su padre, el de su hermano Doroteo, de su tío Mónico que tantas veces los había acompañado en quehaceres y tertulias en el despacho, pero sobre todo el de Gregorio, impregnaron la estancia. Cuánta soledad, qué silencio tan abrumador en aquella habitación, parecía que la puerta separase dos mundos. Se serenó, recordando esa última mirada de su marido, recordando la promesa que en lo más profundo había rogado no tener que cumplir.

Terminó las cartas, las selló con lacre con el escudo familiar. Acarició suavemente el cierre del sobre y escribió los destinatarios.

Se levantó, aún titubeante, se apoyó en la mesa y se quedó perdida un último segundo, antes de lo que ella sabía que podría ser la última vez que viese a sus hijos. Se armó de fuerza, se atusó el vestido y, con paso firme, se dirigió a la puerta. Al salir, vio la puerta de la habitación de Águeda entreabierta y la abrió suavemente. El crujir de las bisagras no pareció suficiente para rescatar a Águeda de su dolor. Aquella mujer, siempre prudente, siempre bien vestida, siempre bien compuesta en formas y maneras, estaba rota. Los sollozos eran casi imperceptibles; tumbada en su cama, de rodillas con la cara hundida en la almohada, no podía dejar de llorar.

Al verla, Mercedes dejó las cartas en el lavabo y corrió a abrazarla. Ya solo se tenían la una a la otra. Águeda la miró con los ojos enrojecidos y la cara hinchada:

—¿Qué vamos a hacer Mercedes? ¡No los volveremos a ver! ¿Por qué? ¿Por qué les hacen esto? ¿Por qué nos hacen esto?

Solo repetía aquellas palabras una y otra vez, mientras Mercedes la abrazaba y trataba de sostenerla, pero no sería capaz de contestarle hasta que vio que, poco a poco, se serenaba.

—Águeda, mírame —le dijo con cariño—. Necesito que me ayudes, debemos poner a salvo a los niños. Bien sabes que vendrán a por ellos.

De pronto, Águeda se despertó y entendió que ya solo les quedaba eso.

Mercedes continuó:

—Tenemos que protegerlos a ellos y lo que nos queda. Debemos poner a salvo todas las escrituras de las tierras, la bodega, el ganado, las casas… hay que sacarlo todo de aquí. Debemos de ir a casa del Tío Mónico, él guarda las partidas de nacimiento y defunción de todos, hay que evitar que las destruyan —implorando, tomaba a Águeda por las manos—. Por favor, ayúdame, solo quedamos nosotras, debemos protegerlo todo.

Águeda se incorporó y, asintiendo con la cabeza, le dijo:

—Avisa a dos mujeres que se presten a acompañarme, yo me encargaré de recopilar la documentación y ponerla a salvo —con una pausa, levantándose de la cama, prosiguió—, tú saca a los niños de aquí.

Capítulo 7. Un último deseo

Los hombres no hablaban. Gregorio, perdido en los paisajes, sereno, se dejaba llevar. Doroteo, a su lado, también disfrutaba del camino. No hacía ni frio ni calor, tampoco había viento. Era un día perfecto para salir a cazar, pensó Doroteo.

El carro se paró en seco. Todos reconocieron el destino: Los Yébenes. Habían estado cientos de veces en aquel pueblo. Varios hombres se acercaron a la parte de atrás, para bajar a los reos. Ellos se bajaron del carro, impasibles, con la tranquilidad del que sabe que lo ha hecho todo. Estaban en la puerta de la iglesia.

A punta de escopeta, los dirigieron al interior. Las puertas se abrieron y un intenso olor a incienso los envolvió. Al adentrarse en la iglesia, la desolación los paralizó. Los bancos, donde no hacía tanto tiempo los vecinos disfrutaban de la oración, ahora estaban rotos, muchos de ellos apilados en las esquinas, astillados, listos para ser lumbre en el invierno. El altar, totalmente destartalado; las paredes pintadas con símbolos y las imágenes habían sido espoliadas e incluso se podía ver un Cristo hecho pedazos.

Se miraron perplejos, pero sus captores no les dieron tregua y, a empujones, los fueron conduciendo hasta el final del templo. Allí, entre penumbras, pudieron intuir que no estaban solos. Doroteo reconoció una silueta: era su gran amigo Jacinto. "Están vivos", murmuró.

Los soltaron y se marcharon, así, sin más, sin intercambiar ni una sola palabra. Tras ellos pudieron escuchar cómo se cerraba la puerta de la iglesia mientras los cerrojos chirriaban y se apoderaban del silencio. Todos esperaron un momento, como si necesitasen confirmar que estaban solos.

Cecilio se acercó a las sombras en las que estaban refugiados sus compañeros, levantó la cortina de terciopelo púrpura. Un puñado de hombres aparecieron, derrotados, presos de la pena y el desconsuelo. Cecilio les tendió la mano:

—¡Qué alegría volver a vernos! —aún con la cortina sujeta por una de sus manos— Ayudarnos, traemos a Benito muy malherido, vamos a retirar esta cortina para arroparlo.

Las vidrieras de las ventanas estaban rotas, y las palomas se colaban por todos los recovecos. Los hombres se incorporaron y rápidamente consiguieron descolgar la cortina.

Mónico, Cecilio, Doroteo y Gregorio, sostenían a duras penas a Benito. Con delicadeza lo tumbaron y entre varios lo envolvieron.

De pronto, el cerrojo de la puerta volvió a crujir: alguien iba a entrar. Se apresuraron a arrastrar la cortina para resguardar a Benito y se agruparon frente a él. Dos hombrecillos desarmados se aproximaban con un bulto en las manos. No parecían milicianos. Al acercarse, Matías reconoció a uno de ellos: era Ángel Marcial, un hombre algo más joven que su difunto padre, quien se lo había presentado años atrás, cuando estaba acabando los estudios de veterinaria. Matías se abrió paso y se le acercó.

—Ángel, ¿te acuerdas de mí?

Al verlo lo reconoció inmediatamente y el hombre se echó a llorar. Matías corrió a ayudarlo, ya era casi un anciano.

—Ángel no se ponga así.

—Matías, hijo, cuánto lo siento —decía el anciano mientras dejaba en el suelo lo que llevaba en las manos.

Matías miró a los demás hombres mientras le sostenía.

—Hijo, este destino es injusto, lo lamento muchísimo. Quién sabe si nosotros también correremos la misma suerte —dijo Ángel tapándose la cara, entre lágrimas—. Nos han quitado todo el ganado y las tierras, yo ya soy un anciano, mis hijos han huido y no sabemos donde estarán. Dijeron que, si no se lo dábamos todo, nos matarían —hizo una pausa—. ¡No tenemos nada hijo! ¡Cuánto lo siento!

El segundo hombre que los acompañaba, que era aun más anciano que Ángel, con los ojos llenos de lágrimas, acercó lo que llevaba en las manos en modo de ofrenda:

—Tomen, coman algo —hizo una pausa—, hemos sabido que ya habían cogido al último hombre que estaban buscando, y que esta será la última noche —tuvo que tragar saliva, el nudo en la garganta casi le impedía continuar—. Los han estado capturando, hasta tenerlos a todos, para….

Doroteo se apresuró a ayudarlo:

—Gracias, muchas gracias —agarrándole de las manos.

El anciano lo miró entristecido:

—Usted es Don Doroteo Gómez del Campo. Yo era muy amigo de su padre. Aquí su familia siempre ha sido muy querida, no podíamos hacer menos que traerles para que pudieran comer y beber.

Los minutos se volvieron eternos. Los vieron marchar, sin un adiós, sin un mensaje, simplemente un "pronto nos vemos". Comieron, bebieron, charlaron. Si se hubiese tratado de un día cualquiera, aquella reunión bien podría haber sido un viernes de música, bailes y buen vino de bodega.

Hacía frío, la penumbra había invadido la habitación, algunos de ellos habían conseguido conciliar el sueño, otros se habían perdido en sus recuerdos. Los menos aún charlaban entre susurros rememorando momentos mejores. "Hemos tenido una buena vida", dijo alguno de ellos, mientras los demás asentían.

"Si vamos a morir, que sea porque somos libres", dijo otro.

A aquella afirmación, rotunda, contundente, Gregorio respondió:

—Sí, amigo, si vamos a morir, por lo menos, lo haremos juntos.

No se miraron, simplemente asintieron y una sonrisa leve, tímida y hasta un poco ensombrecida por la pena se les dibujó en la cara.

Ya habían consumido la noche, las sombras se escondían para dar paso a la claridad del alba. Sonó el cerrojo de la puerta, la sintieron más pesada que nunca retumbando por la bóveda. No había miedo, no había rabia. Estaban en paz.

Mónico, en un susurro, entonó una oración a la que, uno a uno, todos se fueron sumando.

Un grupo de hombres se les acercó, armados con sus escopetas. Ellos se levantaron, lentamente, no había nada que temer, el destino había tomado su última decisión. Ese era su camino.

Gregorio los observaba, Doroteo se acercó a su cuñado, ambos hombres se irguieron y dieron paso firme adelante. El resto de los hombres los imitaron. Sin titubear, con la cabeza alta, caminaron hacia el exterior. No había gritos, no había ruido; el sol estaba saliendo y tímido les acariciaba la cara. Las calles, abarrotadas de vecinos atemorizados, mujeres sollozando y niños escondidos bajo las faldas de sus madres, se despedían sin entonar una palabra. Emprendieron la marcha, conocían el camino que les estaban obligando a recorrer: estaban llegando al cementerio de Los Yébenes.

Cuando los tuvieron juntos, apareció un hombre, el mismo hombre que les había dado caza. Sin mediar palabra, se acercó a Gregorio con un saco en las manos y le dijo:

—Te doy el privilegio de elegir —le dijo señalándole el saco.

Gregorio se giró a mirar a los hombres: todos lo observaban con el semblante serio, impasibles, sin el más mínimo atisbo de miedo. Se volvió a Doroteo. Doroteo, levemente negó con la cabeza mientras le clavaba la mirada.

Respiró hondo, se tomó un último segundo:

—Moriremos de pie, de frente y sin tapar —concluyó Gregorio.

El extraño no se inmutó. Bajó el saco, los observó y le dijo a Gregorio:

—De acuerdo, que así sea. ¿Una última petición?

Doroteo tomó el brazo de su cuñado y dijo:

—Sí, queremos despedirnos.

El hombre hizo un gesto a un muchacho:

—¡Desátalos!

El muchacho tembloroso fue cortando las pitas de las muñecas. Le temblaban las manos, apenas podía sujetar la navaja, temeroso de mirarlos a los ojos, y ver en ellos su final.

Los hombres se acercaron, se abrazaron, se besaron. Gregorio y Doroteo, se miraron:

—Ha sido un gran placer compartir esta vida contigo, hermano —le dijo Doroteo.

Gregorio le tendió la mano, se la estrecharon, y Doroteo le tiró del brazo, dándole un abrazo fuerte. Respiraron hondo, y se abrazaron aún más fuerte.

—Doroteo, ¡gracias! No le podía pedir más a la vida —le dijo Gregorio.

—¡Vamos! —gritó el miliciano.

El sol ya había salido, el rocío de la mañana había pintado los brotes del campo, la brisa suave mecía los cipreses del cementerio. El silencio los envolvía, lentamente se fueron soltando. Semblante serio, tranquilo, no había miedo, no había angustia.

Los hombres se colocaron uno al lado del otro, de pie, de frente mirando fijamente a sus ejecutores; algunos de ellos eran caras conocidas, vecinos, y otros tantos muchachos temblorosos que a penas podían cargar la escopeta.

Gregorio cerró un momento los ojos, dejando que el sol de la mañana bañase su rostro una última vez. Pensó en ella, una vez más, la vio, siempre sonriente y bondadosa. Su compañera. La besó una y mil veces en sus sueños. "Nos vemos pronto, querida", se despidió sonriendo.

—¡Preparados! —espetó el Miliciano.

Los muchachos cargaron las armas.

—¡Listos!

Los muchachos apuntaron.

—¡Fuego!

Un estruendo atroz seguido de silencio. El olor a pólvora se entremezclaba con esa nube arremolinada de tierra y polvo, que se había levantado con el caer de los cuerpos. Los muchachos, aún temblorosos, quedaron petrificados empuñando el arma. El jefe de la milicia se acercó a uno de ellos, y le dijo:

—Vamos muchacho, ya está —le tocó en el hombro— ahora toca recoger.

Se giró buscando a alguien con la mirada:

—Carlos, ¡ven! —Carlos se apresuró— Vamos a dejar esto listo, que hay que traer a los curas.

El sol brillaba y la brisa calmada acariciaba el campo. Era casi tiempo de vendimia. Este año el campo venía con buena cosecha. Aquel 20 de septiembre de 1936 habría sido un día perfecto de caza.

Capítulo 8. En las sombras

Se tapó la boca con las manos, el corazón se le salía del pecho. Agazapada, un sollozo se le escapó entre los dedos. Había salido muy temprano con sus ovejas por las proximidades del Cementerio de Los Yébenes para seguirlos, ingenua, con la esperanza de poder ayudarlos.

Los conocía, los había visto mil veces, sus familias habían compartido tardes de música en Manzaneque donde Gregorio y otros hombres tocaban todo tipo de instrumentos y los vecinos bailaban. Recordaba las risas, los brindis, los niños correteando y las mujeres joviales y disfrutonas que, afanosas, se esmeraban por hacer de aquellas tardes momentos memorables. Habían compartido gachas en la vendimia, migas en la aceituna, pésames en los funerales, algún que otro bautizo, y por qué no, también alguna boda. Su padre, que por fortuna no había llegado a vivir para ver el horror de lo que estaba pasando, había sido un gran amigo de Saturnino, padre de Mercedes y Doroteo.

Esperó escondida a que los hombres se fuesen, mirando fijamente entre las ramas de los setos. Cuando por fin estuvo sola, sigilosa, salió. Llamó a sus ovejas mientras se atusaba el cabello. No pudo evitar aquellas voces que en su cabeza no hacían más que repetir "no mires, no te acerques". Tuvo que respirar hondo para aguantarse las lágrimas. Se tomó un momento.

Cuando por fin se calmó, segura de los pasos que debía andar, se paró en seco. Volteó la cabeza en contra de su propia voluntad, se santiguó y se acercó a despedirse de ellos.

Ahí, a los pies del foso, con sus dedos entrecruzados, entonó una oración. Rogaba por sus almas, por las de los que los habían asesinado, y por aquellos que aún resistían. Miró a ambos lados, buscando un punto de referencia para reconocer donde los habían enterrado, con gran sigilo, se acercó a la tapia del cementerio. Tenía que ser rápida, buscó a su alrededor algo con lo que dejar una marca y encontró un canto afilado. Se agachó a cogerla, y marcó con sus siglas la tapia: CMM, Carmen Moreno Medina.

Algo se oía a lo lejos, hombres hablando muy animados. No alcanzaba a entender lo que decían. Se apresuró a volver a su escondite, en la sombra de aquel seto, aún con la piedra en las manos apretándola contra su palma. Se tumbó, agitada y de pronto cayó en la cuenta: se estaba cortando. Estaba tan absorta que ni se había dado cuenta de que su mano estaba sangrando.

Tímidamente miró entre las ramas, ahí volvían de nuevo. Una vez más no venían solos. Con paso lento y solemne, los acompañaban ocho clérigos vestidos con sotana marrón. Apretó los párpados y lentamente volvió su cara mirando al cielo. Sus manos se entrelazaron de nuevo y, como si de una oración se tratase, se sumió en un trance profundo. El ruido, cada vez más cerca, a ella le parecía estar cada vez más lejos. No se atrevía a mirar.

Un estruendo, profundo, seguido del aleteo de las aves que aún quedaban por allí.

Carcajadas, murmullos… y después, silencio.

Los minutos pasaron a ser horas, mientras Carmen se perdía en sus pensamientos. Abrió los ojos, le costó mucho, no se había dado cuenta, pero de tanto llorar, se le habían cubierto de legañas y polvo. Las manos entumecidas se empezaron a mover, aún acunando la piedra.

Apesadumbrada, con la mirada fija en el suelo, caminó. La sangre seca en sus manos, el pelo revuelto y polvoriento, la cara sucia. Algunas mujeres, al verla vagando, se acercaron a socorrerla. Pero aquella muchacha estaba aún muy lejos de ahí. Por el brazo la dirigieron a su casa, silenciosas, sin aún comprender lo que estaba pasando.

Por fin llegaron y la sentaron en una silla del patio. Su hermana se apresuró a conseguir una palangana con agua limpia, jabón y unos paños. Carmen observaba a todas aquellas mujeres desde muy lejos. Era tal el miedo a preguntar por qué estaba así que, sin mediar palabra, la aseaban, buscando cualquier indicio que explicase el origen de la sangre.

De pronto, Carmen, con la poca fuerza que aún le quedaba en el cuerpo, levantó levemente la mirada, en dirección a su hermana que estaba de rodillas tratando de lavar del vestido una mancha de sangre.

—Los he visto, hermana.

La hermana de Carmen no pudo evitar deshacerse en lágrimas. Carmen se tapó la cara y repitió:

—Los he visto… Los he visto... ¡Los he visto!

Cada vez más fuerte, los sollozos se apoderaban de ella. Una suave brisa les acariciaba, moviendo sutilmente sus cabellos. No había consuelo, se apretaban las manos, temblorosas, los aullidos sordos, las miradas vidriosas… y así el tiempo se apoderó de todas ellas.

Mercedes había pasado la noche en el corral, sentada en el suelo como solía hacer con Gregorio en las noches de verano. Abrazada a sus rodillas, con el vestido arremangado, mirando al cielo. Simplemente no lloraba, ya no podía, no le quedaban fuerzas.

El campanario de la iglesia despertó a Mercedes de su trance. Se levantó y recorrió las galerías de la casa. La casa estaba vacía, las camas hechas, los armarios, sin apenas ropas, los fuegos de la cocina apagados. Al fondo, la silueta pequeña, acurrucada rosario en mano, rezando en silencio. Era Águeda.

Mercedes se acercó a su cuñada y le puso la mano en el hombro suavemente. Águeda de pronto rompió a llorar desconsolada. Mercedes, con un nudo en la garganta, le acariciaba el cuello. Lentamente, las mujeres se cogieron de las manos.

Mercedes asentía con la cabeza, Águeda negaba con un gesto. Ambas sabían lo que venía después.

Águeda se incorporó. Aún cogidas de las manos, algo más serena, le dijo a Mercedes:

—No puedo dejarte sola, Mercedes. No me pidas eso.

Mercedes la miró con ternura y le dijo:

—Águeda, aquí no estás segura, tienes que irte a Orgaz con tu familia.

Al escuchar aquello, la mujer rompió a llorar.

Un golpe seco retumbó por las galerías hasta el salón. Ellas se miraron desconsoladas. Mercedes se dirigió a la puerta.

La abrió lentamente, sin temblor; si venían a por ellas, ya poco más tenían que perder.

Ahí estaba él, acompañado por un ejército de cobardes a apresar a dos mujeres. Ella no pronunció palabra. Él tampoco. Águeda se acercó, poniéndose al lado de Mercedes.

Él hizo un gesto con la mano y las miró:

—Pensabais que a este lo podríais salvar —giró la cabeza—. Bajarlos —ordenó.

Mercedes de pronto se dio cuenta de que los acompañaba un carro. Se le congeló el aire en el pecho. Miró a Águeda aterrorizada. Sus niños.

—¡Tráemelos Perico! —gritó aquel hombre.

La muchedumbre se fue apartando, para abrir paso a los reos. Escoltados por dos jóvenes de gesto triste, fueron apareciendo.

Águeda de pronto chilló:

—¡Justo! ¡No, por favor, es solo un crío!

Mercedes la sujetó por la muñeca mientras Águeda trataba de acercarse a Justo. Los muchachos se fueron acercando, algunos con golpes, sucios y maniatados.

Hasta que apareció Isidro. El tal Paco se abrió paso entre ellos hasta alcanzarlo y a golpe de culata le empujó hasta ponerlo frente a su madre.

Mercedes temblaba, por fuera y por dentro. Madre e hijo se miraron, impotentes de no poder abrazarse. Ahora era Águeda la que sujetaba con firmeza la muñeca de su cuñada. Isidro erguido, las observaba, impasible al alboroto alrededor de ellos. Aquel hombre que les había dado caza, lo agarró de la camisa, acercándolo aún más a su madre.

—¿Has visto, Mercedes? —hizo una pausa—. Ya te lo dije que me quedaría con todo — se giró mirando a los muchachos que le acompañaban en la calle y sentenció— ¡Hasta con ellos!

Era tal la pena que Mercedes tuvo que apretar los labios para no derrumbarse.

—¡Mariano! —gritó aquel hombre—. ¡Mariano, hombre, ven aquí!

Un hombre enclenque, que podría decirse que se encontraba perdido entre sus ropas, con un sombrero de caza varias tallas más grandes y unas botas del mismo pie, apareció torpemente de entre las sombras. Miró tímidamente a Mercedes, entre vergüenza y miedo, tratando de esconderse de la atenta mirada de aquella madre.

—Mariano, mira que eres cazurro. Cuando te necesito, nunca estás —le dijo Paco—. Agarra a estos muchachos y llévatelos a la iglesia, mañana terminaremos con esto.

Se giró mirando a Mercedes, dio un paso al frente y le dijo:

—Y cuando acabe, volveré a por vosotras. Ya os lo dije el primer día, que me lo dieseis todo —se giró mirando a su público y levantando la voz— ¿Veis lo que les pasa a los ricos? ¡Que al final son más pobres incluso que nosotros! Si hubiesen entregado las armas, serían pobres, pero estarían vivos.

Carcajadas, voces y algún grito secundando aquella sentencia. Mercedes solo miraba a su hijo. Paco se volvió hacia ella:

—Buenas noches, señoras. Que descansen.

Agarró a Isidro por la camisa con desprecio y lo empujó hasta la puerta de la iglesia. Isidro miraba a su madre, impasible. Mercedes miraba a su hijo, rota. De pronto, una extraña fuerza se apoderó de ella, entró en la casa y fue directa a su habitación. Águeda, sorprendida, cerró la puerta y corrió tras ella.

—Mercedes, ¿qué haces? ¿Qué pasa?

Mercedes estaba revolviendo los arcones y sacando algunas bolsitas de terciopelo que, con cuidado, disponía encima de la cama.

—Mercedes, ¡contéstame!

Pero Mercedes no contestaba. Águeda se acercó y la frenó, buscando su mirada.

—Mercedes, Mercedes. ¡Mercedes!

Y entonces reaccionó. Rompió en llanto y cayó de rodillas, arrastrando a su paso con todos aquellos vestidos hermosos que su marido había elegido para ella antaño.

—¡Mi hijo no, Águeda! ¡Mi hijo no! ¡No lo permitiré!

Águeda se arrodilló a su lado, tratando de consolarla. Unos pasos por el pasillo las alertaron y sin más preámbulo, la puerta se abrió.

Era Santiago, amigo de la familia. Al verle, Mercedes se levantó de un salto.

—Santiago, hay que sacarles de ahí, son solo muchachos.

Completamente ida, se apresuró a su cama a coger los saquitos de terciopelo.

—Santiago, mira, mira lo que tengo, es mi ajuar. Se lo doy todo, pero que suelten a mi hijo.

Santiago se acercó a ella y le dijo:

—Mercedes, escúchame. No vamos a permitir que maten a los chicos. Se los llevarán al alba.

Mercedes paró por un momento. Derrotada, se sentó al borde de la cama.

—No te quedes sin nada Mercedes, no sabemos que podréis necesitar.

—No, Santiago, lo doy todo si hace falta, es mi hijo —no pudo evitar sollozar de nuevo, tapándose la cara con las manos.

Santiago la observaba y se sentó a su lado en la cama:

—Al alba rodearemos la iglesia, habrá pocos hombres. Les haremos una ofrenda para que los dejen libres —se giró a mirarla— pero Mercedes, él tiene que salir de aquí en ese momento y huir o lo matarán, —se giró en búsqueda de Águeda— Justo también tiene que irse.

Las dos mujeres, rotas, descompuestas, con los ojos encharcados, la nariz taponada, el cuerpo pesado, la ilusión perdida, solo podían asentir.

Santiago se levantó y se marchó.

Ella cerró los ojos. Escuchando el latido de su corazón, buscó serenarse. Se arrodilló al lado de la cama; a tientas buscó su rosario que estaba en la mesilla, lo recogió con sus manos besándolo suavemente y lo apretó contra su pecho.

Águeda, inmóvil, la acompañó en su silencio, observando a su cuñada discretamente, tratando de respetar su momento de recogimiento. Los minutos se sucedieron, mientras la penumbra se fue abriendo paso en la habitación.

Las campanas de la iglesia redoblaron marcando la hora y, por fin, Mercedes abrió los ojos. Lentamente se apoyó en la cama: ya no era una cría y sus rodillas se resentían. Se sentó al lado de Águeda. Aún con el rosario entre sus dedos, le acercó la mano, buscando consuelo. Con las miradas fijas en el suelo y una respiración profunda, sus manos entrelazadas abrazaban el rosario.

Mercedes se giró al percatarse de una sombra que pasaba por la calle delante de su ventana. No se sobresaltó. Entre susurros, como el que quiere no agotar el último aliento, dijo:

—Águeda, ya ha anochecido —tomó un momento—. Hay que sacarlos de ahí.

Águeda no contestó, pero le apretó suavemente la mano. Ya no había fuego en sus miradas, tampoco podían llorar, no les quedaba aliento. Mercedes le devolvió la caricia y le apretó suavemente la mano. Águeda dejó caer sus párpados, levantó la cabeza rogando al cielo y con un suspiro profundo, mirándola fijamente, asintió.

Capítulo 9. No os llevaréis

Alguien picó la ventana de la habitación de Mercedes con los nudillos. Mercedes y Águeda habían caído rendidas en un profundo sueño, y de pronto se sobresaltaron. No se habían dado cuenta de que ya era casi el alba. El ajuar y las joyas de Mercedes aún desperdigadas sobre la cama. Águeda se incorporó y con voz baja dijo:

—Mercedes, ¿han llamado en la ventana?

Mercedes se apresuró a retirar el visillo. Era Santiago. Le hizo un gesto, era el momento.

Mercedes estaba desconcertada, no entendía cuál era el plan, pero fuera lo que fuese, confiaba en él. Amigos desde la infancia, socios en algunos proyectos, sus familias siempre habían trabajado juntos para mejorar procesos en la agricultura de la zona. Era de los pocos hombres que no habían huido o se habían afiliado a la milicia o los Nacionales, y, a pesar de eso, no habían corrido la misma suerte que los hombres de su familia. Eran muchas las veces que ella se había preguntado el porqué, pero en todas y cada una de las veces, la única respuesta que había alcanzado a comprender es que hay cosas que solo Dios elige, y ese era el destino que había elegido para ellos.

Se apresuró a seleccionar las joyas. Las guardaron en sus bolsitas de terciopelo.

—Mercedes, corre, ve, yo termino de recoger y ahora te sigo.

Mercedes asintió, se agarró la falda y tan rápido como pudo se apresuró a buscar a Santiago. Abrió la puerta de la calle y de pronto reparó en que habían pasado la noche con la puerta abierta, sin echar el cerrojo. Buscaba a Santiago con la mirada, perpleja, se frenó en seco. Hombres, ancianos, mujeres... rodeando la iglesia. Armados con palos, alguna herramienta del campo, y hasta alguno con una escopeta. Ahí estaban todos. Santiago al frente, abriéndose paso en dirección a entrada mayor, guardada por cuatro infelices que, acobardados antes la oposición, apuntaban con sus armas a los vecinos. Mercedes corrió tras Santiago hasta que por fin lo alcanzó.

—¡Santiago! —gritó Mercedes, él la buscaba— Estoy aquí, Santiago.

Él no sonrió, tampoco la saludó. Puso su brazo bloqueándola el paso, ella lo miró sorprendida, pero lo entendió. Mercedes no desistió y le apartó despacio y con cariño el brazo. El frunció el ceño y la miró. ¿Acaso no veía que trataba de protegerla?

Ella se paró a su lado y, aun sujetándole el brazo, le dijo:

—No habrá más sangre, no aquí —se dirigió a los guardianes temblorosos—. Dejen salir a los muchachos.

Aquellos hombres intercambiaron la mirada, dudosos, estupefactos. Estaban cada vez más nerviosos, arrinconados en la puerta del templo.

—Mirad, vengo a comprar su libertad— Mercedes mostró los saquitos de terciopelo—. Aquí están mis bienes de más valor, os imploro que los aceptéis a cambio de la libertad de los muchachos y los dejéis marchar.

Uno de los guardianes agitó la escopeta contra Mercedes y la encañonó:

—No podemos hacer eso, nos los tenemos que llevar... o seremos nosotros los siguientes.

Mercedes apretó los labios y se acercó aún más al cañón de la escopeta:

—Quizá así sea, pero quien os garantiza que no lo seáis igualmente —hizo una pausa, aquellas palabras los inquietaron aún más—. Coged lo que os ofrezco, escapar y dejar a los muchachos libres.

Bajó el cañón de la escopeta, miró a Mercedes y asintió. Ella no se movió, se quedó ahí, en el umbral de lo que tantas veces había sido su refugio. Mujeres, ancianos y algún vecino, corrieron a abrir las puertas de la iglesia. Eran 20 jóvenes de entre 14 y 21 años. Los mocitos corrieron a buscar a sus madres.

Cuando por fin Isidro salió, la vio ahí, en el umbral de la entrada mayor, frente a sus captores. Ella les tendió la mano, ofreciéndoles las bolsas. El muchacho las cogió. Cuando estaban a punto de huir, se giró mirando a Mercedes y le dijo:

—Lo siento, señora —ella lo miro con pena—, espero pueda perdonarnos.

Ella apretó los labios y se le encharcaron los ojos. Asintió mientras inhalaba profundo.

—Soy Macario, hijo de la Puri, de Los Yébenes —Mercedes reparó al escucharle hablar que aquel hombre no era un hombre, era un crío que no debía de ser mayor que su hija Dominga—. Por favor, dígale que lo siento.

Mercedes volvió a asentir.

Los guardianes corrieron calle arriba en dirección a las escuelas. Mercedes los siguió con la mirada. Isidro se acercó a su madre:

—Mamá, gracias mamá.

Sin mirarle ella rompió a llorar. Él la abrazó. Ella le cogió por las mejillas:

—Hijo, qué miedo he pasado —lo cubrió a besos.

Abrió los ojos y en la puerta de su casa estaba Santiago esperándola.

—Hijo, escúchame, no hay tiempo. Los hombres de Los Yébenes volverán pronto y cuando vean que no estáis... —intentó recomponerse— Tenéis que iros ya.

—Mamá, pero ¿dónde vamos?

—Santiago os escoltará hasta que cojáis el camino dirección a Toledo, tenéis que llegar a Madrid.

Isidro conocía bien el camino, lo había hecho con su padre en muchas ocasiones.

Águeda se acercó con un petate lleno de comida y una bota con agua para cada uno.

—Justo irá contigo, Isidro —Águeda le hizo un gesto a Justo que estaba aún con su familia y el muchacho se apresuró a acercarse.

—Justo, Isidro, debéis protegeros —dijo Mercedes— no confiéis en nadie que no conozcáis.

Santiago se aproximó y, con su característica voz grave, intervino:

—Está amaneciendo, deben estar al caer, hay que salir ya.

Santiago abrió una bolsa que llevaba al hombro, y les entregó una escopeta a cada uno.

—Llevarla no significa usarla. Nosotros no somos así, pero si necesitáis protegeros, aquí las tenéis —abriendo la bolsa les mostró— y aquí tenéis munición.

Los muchachos las cogieron, desconcertados.

El tiempo pareció pararse, las madres se abrazaron a sus hijos: unos acompañarían a Isidro y Justo, otros se aventurarían en los montes, otros se esconderían en las casas.

Mercedes y Águeda los abrazaron. Y así, sin más, sus sombras se fundieron con el infinito.

La iglesia se fue despejando, las mujeres, los ancianos, los niños, todos, se fueron marchando. Todos menos ellas. Águeda estaba inquieta, la conocía y sabía lo que estaba esperando.

—Águeda, es el momento, debes marcharte —le dijo sin mirarla.

Águeda se acercó buscándole la cara.

—Esperaremos juntas.

La paz no duró mucho: al final de la calle, subiendo desde las cuatro esquinas, estaba él. Colérico, rabioso, con el paso acelerado, se aproximaba a ellas. Pero ellas no se movieron.

—¡Malditos cobardes! —gritaba a su paso—. ¿Dónde están? ¡Ir a buscarlos que se van a enterar!

Esta vez no pudo contener la rabia y con todas sus fuerzas, y cuando por fin llegó hasta ella, golpeó a Mercedes.

Ella cayó al suelo y Águeda se agachó a socorrerla. Pero él no estaba satisfecho: lleno de ira, agarró su escopeta, la cargó, y la encañonó.

En el suelo, desarmadas, esperando su desenlace, le observaban.

—¡Paco! —gritó una voz— Pero ¡qué haces, Paco, que son dos viudas!

Aquella voz les resultaba familiar, con recelo buscaron a su propietario. Era Marcial, el muchacho que había sido amigo de Isidro.

Se tomó unos minutos antes de tomar su decisión, hasta que, despacio, fue retirando el dedo del gatillo. Marcial se fue acercando, hasta que Mercedes y él por fin cruzaron la mirada. Ella lo observó: era diferente, siempre había sido un chico sonriente, amable y cariñoso. Ahora su postura era tensa, su gesto serio, ya no sonreía, y sus ojos… sus ojos eran un mar de tristeza.

"Qué pena que tengas que vivir esto, Marcial", pensó ella.

Paco levantó la escopeta y se dio media vuelta, tratando de calmarse.

—Está bien —por fin se pronunció—. Está bien, Marcial.

Marcial no le tendió la mano a Mercedes para ayudarla. Ella tampoco lo esperaba. Águeda tiró de ella para incorporarla. Le sangraban la boca y la nariz, pero eso le dio igual, se limpió con la falda.

—Bueno, está bien —por fin se había calmado; se echó la escopeta al hombro y se dirigió a ellas—. Mercedes, todo, tu casa, tus tierras, la bodega, el ganado, tus muebles, tus joyas…. Todo, me lo quedaré en compensación.

Ella no se inmutó. Pero el siguió acercándose, intimidándola.

—Te dejaré pasar una última vez y cuando el reloj marque las ocho, entraré a sacarte de la casa.

Águeda miró el reloj: eran las 7:30. Cogió a Mercedes del brazo y la empujó hacia la casa. Tenían que ir a coger lo que pudiesen. Mercedes parecía no reaccionar. Pero Águeda tiró de ella hasta hacerla entrar y cerró la puerta tras de sí.

—¡Mercedes! Reacciona por favor, necesito que saquemos nuestras cosas. Comida, no sé, lo que podamos necesitar.

Mercedes se dirigió a su habitación, abrió un baúl y cogió las fotografías de la familia. Con cuidado las metió en una maleta. Se quitó el vestido lleno de sangre, se acercó a su aseo, y con paciencia se lavó y perfumó. Se acercó a su armario y seleccionó cinco mudas, dos pares de zapatos, un peine. Se enfundó un vestido que solía ponerse al terminar la vendimia, y se peinó. Se acercó al despacho, abrió el cajón del escritorio y cogió las cartas que tenía guardadas de cuando eran novios.

Con su maleta se acercó al salón, la dejó en la mesa. Se fue a la cocina y preparó café.

Águeda, que se había acercado a ver como iba, al no encontrarla en su habitación, se dirigió a la cocina. Asombrada, le preguntó:

—¿Estás haciendo café?

Ella muy tranquila le respondió:

—Sí, no sé cuando será la próxima vez que volveremos a desayunar así.

Le tendió una taza de café y un trozo de pan frito con azúcar que tenia del día anterior.

Mercedes observaba a través de la ventana. Con su labio hinchado, dibujó una leve sonrisa:

—Han escapado, Águeda.

Se volvió hacia ella y prosiguió:

—Debes irte a Orgaz, juntas no estamos seguras.

Águeda confirmó con la cabeza, mientras tomaba un sorbo de café. Orgaz era un pueblo grande, allí su familia podría protegerla. Tendría que llegar a pie por los caminos, sola y cargada.

—¿Y tú que harás? —preguntó.

Mercedes aún seguía mirando por la ventana en silencio.

—¿Por qué no te vienes conmigo? —insistió Águeda.

Mercedes nuevamente esbozó una leve sonrisa, aún sin mirarla:

—Águeda, ¿te acuerdas cuando de pequeños los niños se subían al palomar a robarle los huevos a las palomas? —ambas seguían tomando café, Águeda la observaba.

De pronto, Mercedes se giró:

—Me iré, pero no lejos. Es mejor que no lo sepas por lo que pueda pasar —hizo una pausa fijando la mirada en la taza de café—. No sé cómo, ni cuándo, pero volveremos a casa.

Sonaron las ocho de la mañana, alguien golpeaba la puerta. Las mujeres, seguían tomando aquel último café.

Capítulo 10. No seguiré aquí

La puerta del sótano se abrió: era Antonina, suegra de Mercedes y madre de Gregorio. De complexión menuda, vestida de luto con su melena siempre atada en un pequeño moño al cuello, bajaba como todas las tardes la merienda a sus huéspedes.

Ya habían pasado muchos meses desde que Antonina había dejado de estar sola en su casa en Mora, donde con discreción recibía visitas de cuando en cuando, que les ayudaba a la manutención de todos los que aquella casa habitaban.

La luz tintineante los escondía entre las sombras. Dominga se apresuró a ayudar a Antonina, seguida de su prima Hortensia que vivía con su abuela desde que su madre había fallecido y ahora estaba allí junto a su bebé, el pequeño Alejandro, que ya tenía 14 meses. La criatura era un soplo de esperanza entre tanta oscuridad, y es que Hortensia había dado a luz solo seis días antes de que fusilasen a su tío Gregorio. Ambas cogieron la bandeja que traía tres vasos de leche, tres tazas de café y unos pedazos de bizcocho que le había traído una vecina aquella mañana. "Entre viudas nos cuidamos", siempre repetía Antonina.

Antonina, con un gesto cariñoso, agradeció a sus nietas la ayuda, mientras oteaba la sala en busca de Mercedes, que solía estar a la luz de un candil leyendo algún libro o la prensa que Antonina podía conseguir.

Ya habían pasado muchos meses desde que tuvieron que dejar la casa de la familia. Aquella mujer majestuosa, de mirada alegre y sonrisa vibrante, apenas hablaba.

Antonina la ubicó; estaba tumbada leyendo con el pequeño Gregorio y Alejandro en un futón al fondo de la estancia. Mientras las jovencitas preparaban la mesa para merendar, Antonina se acercó a Mercedes, se sentó al borde del futón, le puso la mano en el muslo con cariño y le dijo:

—Mercedes, ven a tomar un café, hija.

Ella la miró con ternura, asintió, levantándose con cuidado para no despertar a los niños.

Las cuatro se sentaron en la mesa a merendar, en silencio como todas las tardes desde hacía 14 meses.

Alguien llamó a la puerta de la casa. Mercedes y Antonina se miraron, serias con una aparente tranquilidad. Antonina cerró tras de sí la puerta al entrar dentro de la casa. Mercedes la observó en silencio mientras las niñas seguían merendando. Un grito agudo las alertó. Era Antonina. Mercedes se acercó a la puerta y la abrió levemente. Había otra mujer, ambas lloraban. Mercedes se quedó impasible escuchando, por desgracia aquello era algo que ya no le era ajeno. Dominga miró a su madre y se acercó a la puerta.

—¡Eran solo unas crías! —dijo una mujer— ¡Mis niñas, Antonina!

Se escuchaban murmullos, pero no alcanzaban a entender la conversación.

La voz les era muy familiar, de pronto Dominga miró a su madre perpleja y le dijo:

—Mamá, es la abuela de mis amigas de la escuela. Es Doña Soledad.

Mercedes le hizo un gesto para que se apartase, se temía lo peor y no quería que su hija lo escuchase. Pero Dominga no se movió, se quedó en el umbral de la puerta esperando. La entrada de la casa retumbó y el silencio se apoderó de todo. Mercedes seguía sujetando la puerta, hasta que de pronto Dominga la empujó levemente y se aventuró escaleras arriba en busca de su abuela. Mercedes la siguió intentando pararla, haciéndole ruidos para tratar de llamar su atención. No sabían que estaría pasando arriba, no sabían si había alguien más, o incluso si alguien desde fuera pudiera verlas.

Dominga subió tan rápido como pudo. Sentada en el banco de la entrada, la anciana, abatida, con las manos apoyadas en las rodillas y los ojos encharcados. Apenas podía levantar la cabeza para mirar a su nieta. Dominga al verla enmudeció, se arrodilló delante de ella y, con delicadeza, puso sus manos sobre las suyas. Así pasaron los minutos, hasta que Dominga se pronunció:

—Abuela, ¿era Doña Soledad?

Al escuchar aquello, Antonina rompió en llanto asintiendo con la cabeza.

A Dominga se le hizo un nudo en la garganta, con temor a preguntar, dijo:

—¿Qué ha pasado abuela? ¿Las han asesinado?

Antonina no podía dejar de llorar y fue entonces que Dominga lo entendió, dejó caer su cabeza entre las manos de su abuela, apoyada en sus rodillas, y lloró.

Mercedes las observaba desde una esquina, en silencio. Entonces, Antonina, levantó la cabeza y la miró, negando con la cabeza. Mientras aún seguía sentada, levantó a Dominga:

—Hija, vete abajo con tu hermano y tu prima —hizo una pausa mientras le secaba las lágrimas de la cara con los pulgares—, tengo que hablar con tu madre.

Dominga parpadeaba rápido, tratando de volver a serenarse. Respiró hondo y se levantó. Su abuela le agarró la mano, y se la besó con cariño. Sin mirar a su madre, se acercó a la escalera, cerró la puerta tras de sí y bajó. Cuando las mujeres escucharon la puerta del sótano cerrarse, Mercedes se acercó a Antonina. Se sentó a su lado en el banco y la arropó con su brazo.

—Un horror, hija, un horror lo que le están haciendo a las niñas jóvenes —no podía dejar de sollozar, así que se cubrió la boca con la mano para que las chiquillas que estaban en el sótano no la escuchasen.

Dominga, sigilosa, se coló en las escaleras, se subió el vestido y se quitó los zapatos para no hacer ruido. Muy despacio fue subiendo hasta sentarse al lado de la puerta y esperó. Solo se oía a su abuela sollozar.

Hasta que, por fin, Antonina recuperó el aliento:

—Mercedes, hay que sacar a las niñas de aquí.
—Pero ¿y dónde irán, Antonina?

Se hizo una pausa.

—Las sacaron de casa durante la noche —Antonina paró, tuvo que controlarse— y abusaron de ellas, hija.
Mercedes se tapó la boca.

Dominga, en su escondite, lo escuchó. No entendía bien qué quería decir aquello, pero por la reacción de su madre y su abuela, debía de ser horrible. Inmóvil continuó escuchando.

—Ay, hija, cuánta crueldad —Antonina medía sus palabras—. Hace ya semanas que las enterraron —volvió a pararse para recomponerse—. Cuánta crueldad, hija, abusaron de ellas, les arrancaron los pechos, les sacaron los ojos y se las devolvieron a su madre aún vivas para que las viese agonizar.

Mercedes no pudo contenerse más:

—No, por favor, ¿las tres hermanas?

Antonina asintió.

Dominga se quedó petrificada. Aquellas tres hermanas habían sido amigas y compañeras de escuela desde pequeñas. El relato de su abuela retumbaba en su cabeza. Cerró sus ojos negros, alzó la cabeza al techo y lloró en silencio, o eso pensaba ella.

Mercedes escuchó un ruido en las escaleras. Aún muy afectada, se acercó a la puerta temiendo que alguno de los muchachos hubiese escuchado la cruenta historia. Abrió la puerta y encontró a Dominga, acurrucada como una niña pequeña, llorando desconsolada. La abrazó como solo una madre puede hacer.

Dominga bajó a su escondite, acurrucada dejó que pasasen las horas, los días y lo que pudieron ser hasta las semanas. Cada día la misma rutina marcada por el abrir y cerrar de aquella puerta hasta que una tarde la puerta no se abrió. Mercedes estaba inquieta, ¿y si le había pasado algo a Antonina? Se puso el dedo en los labios, pidiéndoles silencio y se aventuró escaleras arriba. Dominga, curiosa, la siguió no pudiendo frenar la necesidad de saber lo que estaba sucediendo. Desde los pies de la escalera, vio a su madre, con la falda amarrada entre las manos, sentada junto a la puerta escuchando atentamente.

Unos pasos, las sillas se movían, susurros... una voz masculina. El corazón comenzó a palpitarles en la garganta, sintieron fuego en el cuerpo y hormigueo en las manos, mientras la respiración se les entrecortaba. Y de pronto, silencio.

La puerta se abrió repentinamente dejando a Mercedes completamente al descubierto. Inmóvil en aquel último escalón, podía ver una silueta grande en el umbral. Dominga se apresuró a acompañar a su madre, subiendo atropelladamente las escaleras hasta que alcanzó su mano.

La luz de la casa las cegaba y no dejaba ver quién era aquel visitante. Antonina, prudente con sus manos ocupadas anudando su mandil, se acercó a la puerta poniéndose detrás de él.

Mercedes lo miraba asustada. Calzaba botas oficiales y uniforme militar. Llevaba tanto tiempo aislada que ya no era capaz de distinguir los ropajes. Se levantó poco a poco, aun sujetándole la mano a su hija, que con cuidado subía los últimos peldaños, hasta que, por fin, agarrándose al marco de la puerta, se incorporaron.

El hombre retrocedió un poco, tendiéndole la mano a Mercedes. Ella temblaba. Dudó mientras la miraba fijamente. Levantó la vista con los ojos vidriosos, la mandíbula tiritaba irremediablemente, apenas podía articular una palabra. Él se apiadó de ella, y la tomó por la mano:

—Doña Mercedes, no tema —la tomo suavemente tirando de ella—. Soy Pedro Gutiérrez, de los Yébenes.

Mercedes, perpleja se dejó llevar, aún con Dominga agarrada a su mano. Cuando por fin estuvo suficientemente cerca como para poder mirarle a la cara, le apretó la mano con la fuerza que le quedaba, aún temblorosa.

—Don Pedro, ¿qué hace usted aquí?

Se giró a mirar a su hija.

—Dominga, es Don Pedro, de los Yébenes, Guardia Civil y amigo de la familia desde antes del abuelo Saturnino.

Se volvió en dirección a Pedro.

—Le hacía en el frente.

Estaba desconcertada.

Pedro asentía con la cabeza, con la otra mano se quitó el sombrero y les hizo un gesto indicándoles que se acomodasen. Mercedes lo siguió sin preguntar.

—Efectivamente, señora, pero nos estamos reagrupando, y hace unas semanas volví a los Yébenes —hizo una pausa—. El ejercito va recuperando posiciones, pero aún corren peligro.

Mercedes no se movía, escuchaba muy atenta.

—Traté de encontrarlas en su casa, pero pude comprobar que allí... —no continuó— Quería darles el pésame personalmente.

Mercedes tragó saliva.

—Gracias, Don Pedro, siempre han estado ustedes ahí.

Él, prudente, le daba palmadas en su mano. Sabía que no había nada que pudiese decir.

—¿Cuándo podremos salir de aquí? —preguntó Dominga.

Pedro la miró sorprendido. Aquella chiquilla menuda de pronto se había hecho grande.

—Don Pedro, usted ha dicho que aún es peligroso —insistió la chiquilla.

Pedro asentía mientras la miraba compasivo.

—Dígame, usted que sabe lo que está pasando, ¿cómo podemos salir de aquí?

Pedro miró a Mercedes:

—La muchachita tiene razón. —esperó un momento—. La milicia está entrando en las casas en las que cree que puede conseguir dinero, víveres... Si piensan que aquí puede haber algo y las encuentran —se frenó en seco, mirándolas fijamente—. Tenéis que conseguir llegar a Madrid.

Antonina se acercó a Mercedes.

—Hija, tenemos familia allí, no le harán nada a una anciana.

Se hizo un silencio tan denso que la habitación pareció que se venía abajo. Mercedes tomó a su hija por las dos manos, la miró a los ojos y le dijo:

—Está bien, hija —se giró mirando a Pedro—. ¿Y cómo lo hacemos?

Dominga no se pudo contener, de un salto abrazó a su madre, mientras susurrando entre lágrimas, repetía:

—Gracias, mamá.

Sigilosamente subieron el pequeño Gregorio y Hortensia con su niño en brazos, aún sin comprender lo que estaba sucediendo, se aproximaron lentamente hasta que se agruparon alrededor de Mercedes. Antonina y Pedro observaban pacientes y misericordiosos, sabiendo que aquello podría ser el final de lo poco que aun mantenía en pie a aquella mujer. Mercedes, estoica, los acogía en sus brazos, luchando por no romperse al pensar que se separaría de ellos. Alzó la mirada, con el gesto tranquilo buscó a Pedro mientras acariciaba el pelo de Dominga, que aún no podía calmarse. Su barbilla tembló, cerró sus parpados con fuerza y dejó que dos lágrimas furtivas se escapasen hasta la comisura de sus labios.

Respiró hondo y, con ternura, cogió por la barbilla a su hija.

—Hija, levántate, coge lo imprescindible para ti, Hortensia y los niños.
Dominga se levantó, cogió con una mano a su hermano pequeño y con la otra a Hortensia y, sin replicar, se bajó al sótano.

Mercedes los observó bajar, hasta que, por fin, se aseguró de que estaban ya en la otra planta. Pedro, se acercó a ella.

—Mercedes, haremos lo posible por ponerlos a salvo —ella apretó los puños contra su pecho, mientras asentía— prepárales para esta noche —se giró mirando a Antonina—. Doña Antonina, ¿tienen ustedes aún el carro que usaban para transportar telas?

Antonina asintió con la cabeza.

—Está bien, a las doce de la noche deberán estar metidos en el carro, tumbados y tapados con mantas. Mandaré dos hombres de confianza para que vengan a por él con caballos —hizo una pausa—. Mercedes, tenemos que volver a Madrid, y pasaremos por Toledo, el viaje será largo y peligroso —le tendió la mano—, pero son hombres valientes, tienen familia y cuidarán de ellos.

Antonina se acercó a Mercedes y, susurrando, le dijo:

—Vamos hija, preparemos algo para el viaje —con cariño, tiró de su brazo—. Hace frío y necesitarán comida para poder aguantar.

Mercedes miró el reloj, eran ya las ocho y media de la noche. Se levantó, y antes de ponerse en marcha dijo:

—Gracias, Pedro —dándose media vuelta—, que usted también tenga suerte.

Pedro se acercó a la puerta:

—Señoras, que Dios las acompañe —tomó el pomo—. Nos veremos pronto, aquí o en el otro lado.

Y la puerta se cerró dejando tras de sí incertidumbre y esperanza.

Capítulo 11. La visita de un amigo

Habían pasado varias noches, hacía frio, el camino era abrupto. Los muchachos escuchaban desde su escondite a aquellos hombres hablar. A veces de la guerra, otras veces de cosas más mundanas y, siempre, de sus familias y seres queridos.

A penas habían podido bajar del carro por temor a que fuesen vistos. Ni siquiera habían mediado palabra con ellos. Dominga, apoyada en uno de los laterales, miraba entre las mantas. Reconocía el camino, estaban ya muy cerca de Toledo.

Habían caído profundamente dormidos desde su última parada. El carro se tambaleaba tan bruscamente que casi podían sentir que iban a salir volando fuera de él. Había ruido, gentío hablando, golpes… Dominga miró entre las mantas, desde su escondite.

A su alrededor había hombres que corrían apresurados como si les faltase algo, el suelo estaba sucio, mojado, y en algunos sitios hasta embarrado. Había mujeres, que entraban y salían de pequeñas tiendas improvisadas. Levantó un poco más las mantas y lo reconoció. Estaban en Zocodover, la plaza principal de Toledo. Rápidamente se tapó con las mantas y zarandeó a Gregorio y a Hortensia que se encontraban inmóviles acurrucados en la otra punta del carro; el pequeño Alejandro, arrullado por su madre, dormía plácidamente.

—¡Estamos en Zocodover! —les anunció, eufórica.

Ellos no entendían como podía estar tan contenta.

—¡Paramos! —gritó una voz masculina desde fuera y el carro se detuvo.

Dominga los miró:

—Voy a bajar, esperarme aquí.
—¡No! —gritó Gregorio.

Dominga se giró a mirarle:

—Gregorio, estás con Hortensia, no temas —le dio un beso en la mejilla—. Ahora mismo vuelvo.

La curiosidad le pudo y, con sigilo, se bajó del carro. Anduvo escasos metros. Hacía mucho frío, y se quedó paralizada mirando a su alrededor.

Un baile de hombres y mujeres, de pólvora, de sangre y aullidos de dolor. Dominga caminó entre aquellas personas que parecían no verla mientras ella los observaba.

De pronto, una mujer salió de una de las tiendas:

—¡Necesito más vendas! —gritó.

La gente a su alrededor ni siquiera la escuchaba. Era uno más de los muchos gritos de auxilio. La mujer se percató de la presencia de la joven.

—¡Tú, jovencita! —gritó mirando a Dominga.

Dominga se señaló a sí misma con el dedo, preguntándose si la llamaba a ella.

—¡Sí, tú! —prosiguió la mujer—. ¡Corre a esa tienda a por vendas que se nos muere!

Dominga miró a su alrededor y, obediente, corrió a la siguiente tienda. Al retirar la cortina vio varias líneas de camillas llenas de heridos y mujeres frenéticas atendiéndolos sin descanso. Dominga se acercó prudente a una de ellas y, con voz sutil, tratando de no molestarla, le dijo:

—Por favor señora, necesito vendas.

La mujer la miró, pero no respondió.

Dominga se volvió a acercar y repitió:

—Disculpe, señora, necesito vendas.

La mujer la volvió a mirar muy seria y le dijo:

—¿Crees que con ese tono nos vamos a enterar? —le hizo un gesto señalando a todos los heridos—. Si quieres algo, ¡grita y cógelo!

Dominga se quedó muy sorprendida, pero lo comprendió.

—¡Necesito vendas! —contestó gritando.

La mujer, que ya estaba en otra camilla curando, se paró, agarró vendas de un carro, y se giró hacia ella para tirárselas.

Dominga las cogió al vuelo y salió corriendo en dirección a la otra tienda. Cuando llegó, la mujer que se las había pedido la miró con cara angustiada. Dominga se las dio. La mujer las cogió sin mediar palabra y comenzó a preparar el torniquete. Dominga dio un paso atrás, lista para marcharse de vuelta al carro, pero la mujer se volvió hacia ella y le dijo:

—¿Dónde crees que vas? —la miró fijamente mientras aplicaba el torniquete— ¡Ven aquí y ayúdame, que se nos muere!

Dominga no titubeó, se acercó a la camilla y siguió con pulcritud las instrucciones de aquella mujer.

Una tras otra se fueron sucediendo las órdenes, los heridos no dejaban de entrar. De vez en cuando aparecía algún grupo de hombres y preguntaba:

—¿Algún muerto?
La mujer negaba con la cabeza, hasta que, en una de las visitas, no le quedó otra que afirmar.

Los hombres retiraron a aquel pobre, marcándolo con una etiqueta con sus datos, metiéndolo cuidadosamente en unas sábanas. La mujer limpió la camilla, mínimamente con una botella de alcohol que tenía en el suelo y en menos de segundos aquel camastro volvió a estar ocupado.

El tiempo voló y, de pronto, Dominga se paró, mientras se miraba las manos. ¡El carro! —pensó para ella.

Salió corriendo de la tienda en dirección a donde habían aparcado, pero el carro ya no estaba ahí. Angustiada, comenzó a correr, buscándolos. Pero no estaban, se habían ido sin ella. Ahí, en medio de la plaza de Zocodover, fue consciente de que estaba completamente sola. Dio media vuelta y volvió a la tienda.

Llegó la noche, el trabajo no cesaba. Dominga estaba cansada y hambrienta, se había dejado en el carro la bolsa con comida que le habían preparado su madre y su abuela. Un grupo nuevo de mujeres entró en la tienda, todas vestidas con ropas limpias y aun bien peinadas. Se saludaron entre ellas, comentando como había ido el día y el estado en el que estaban los heridos. Dominga las observaba en un discreto segundo plano, hasta que aquella mujer, de la que aún no sabía su nombre, se giró hacia ella:

—Ah, y ha aparecido esta muchachita de la nada —la señaló, dándose cuenta de que se había quedado apartada—, ha estado aquí todo el día conmigo, no tiene experiencia, pero me ha sido de ayuda —paró un momento— ¡Qué vuelva mañana!

"Qué vuelva mañana", pensó Dominga. Pero ¿dónde iría a dormir? ¿Qué podría comer? No se atrevió a preguntar.

Una de las mujeres, que sería poco mayor que ella, se le acercó:

—Está bien, se puede quedar conmigo —hizo una pausa—. ¿Tienes ropa limpia?

Dominga negó con la cabeza.

Las mujeres se miraron. ¿Cómo podía no tener ropa limpia? La jovencita se pronunció:

—No importa, yo te encontraré algo —la tomó por el brazo—. Ven, vamos a lavarnos y a comer algo.

Dominga la siguió, primero por Zocodover, después por las calles de Toledo, hasta que, saliendo de la judería, llegaron a un parque donde había más mujeres como ellas. La muchachita le consiguió un vestido limpio, algo más grande de su talla y la acompañó a asearse. Sus manos estaban llenas de sangre; al quitarse el vestido se dio cuenta de que su ropa también. El pelo estaba polvoriento y sucio. No había articulado la más mínima palabra aún.

Volvieron a una tienda, también llena de mujeres de distintas edades.

—Puedes dormir aquí —le señaló aquella chiquilla—. Tranquila, aquí somos todo mujeres, muchas viudas y huérfanas —siguió la joven—, aquí nos enseñan un oficio, nos protegen y nos dan de comer.

Dominga asintió con la cabeza, aún con su vestido sucio entre las manos, lentamente se sentó en una alpaca de paja que habían tapado con una sábana.

La joven se le acercó con un mendrugo de pan, un trozo de queso y un vaso de agua:

—Ten, come algo —Dominga lo cogió sin decir nada— ha sido un día muy largo.

Comenzó a comer primero despacio, después con voracidad bajo la atenta mirada de su nueva compañera. No había comido nada en todo el día.

—Mi nombre es Clara Dones Moreno —sonrió—, soy de Orgaz.

Dominga tragó y por primera vez en mucho tiempo, tuvo un momento de paz.

—Yo soy Dominga Lillo Gómez del Campo —miró fijamente a Clara—, soy de Manzaneque.

No se dijeron nada más, no había ninguna historia que contar que no fuese una historia ya vivida por ninguna de ellas.

Las semanas fueron pasando, Dominga cada día era capaz de ser de más ayuda. Al principio solo curaba heridas, aplicaba ungüentos y cambiaba vendajes, pronto empezó a asistir alguna cirugía e incluso a suturar ella misma las heridas. Era habilidosa. Las horas de turno se sucedían mientras a Dominga la llamaban de una y otra tienda, para que suturase a aquellos que desafortunadamente las tenían que visitar.

Por fin, una noche, después de asearse, mientras comía sentada en su pequeño refugio, había conseguido un libro que le había regalado uno de los hombres que venía del frente. Era un hombre mayor, ya rozaba casi la vejez, había sido maestro de escuela y lo único que llevaba en su mochila eran un puñado de libros que le ayudaban a encontrar la paz entre tanto caos. Al curarle, Dominga jovial le dijo que a ella siempre le había encantado leer. El hombre le pidió su mochila y con mucha delicadeza, sacó un pequeño libro de ella.

—No hay que dejar de hacer aquello que nos hizo feliz una vez —le sonrió con ternura—. Ni en tiempos como éstos, hija, eres muy joven.

Dominga lo tomó agradecida.

—Gracias señor —se lo apoyó en el pecho antes de metérselo en el bolsillo de su mandil. Aquello era un tesoro.

Se sentó por fin a leer. El bullicio desapareció hasta que, de pronto, una muchacha joven entró en la tienda.

—¡Dominga! —gritó buscándola— ¿Está Dominga Lillo aquí?

Dominga se levantó rápidamente de su escondite y corrió hacia ella.

—¿Qué pasa? —dijo angustiada.

La muchacha la miró fijamente tomándola por el brazo con fuerza:

—¿Eres tú Dominga Lillo? —Dominga asintió—. Clara, tu compañera, me ha dicho que te busque.

Sin mediar palabra, la joven tiró de ella y la arrastró por las calles hasta devolverla a Zocodover. Dominga estaba desconcertada. ¿Qué podría suceder?

Al llegar a la entrada de una de las tiendas, la joven se paró en seco y tomó a Dominga por los hombros.

—Hay un muchacho muy malherido —le dijo mientras la miraba fijamente— que dice ser de Manzaneque —hizo una pausa.

De pronto, Dominga sintió un calambre recorriéndole todo su cuerpo. No habían sabido nada de ninguno de los chicos que consiguieron escapar de Manzaneque, entre los que estaba su hermano Isidro. No sabían si estarían vivos, si los habrían cogido, si estaban escondidos…

Agarró la cortina para apartarla, pero la joven la frenó por un instante.

—Está muy malherido —le insistió, como si quisiese recordarle que fuese quien fuese, no podría evitar lo inevitable.

Dominga no dijo nada y, con determinación, retiró la cortina. El joven estaba al final de la tienda. El tiempo se detuvo y ella parecía casi levitar mientras se le acercaba.

Las mujeres se apartaron y ella se acercó a la cabeza de la camilla. El muchacho tenía la cara llena de heridas. Se tomó un momento para mirar el resto de su cuerpo. De su abdomen brotaba mucha sangre.

—¡Dominga! —dijo el muchacho levantando a duras penas la mano izquierda, buscando la mano de Dominga.

Ella, al ver que la había reconocido, se apresuró a coger una palangana con agua y con fuerza gritó.

—¡Rápido, necesito aquí ayuda! —ella siguió gritando— ¡Hay que taponar esa herida!

Las mujeres que estaban cerca apretaron la herida, mientras ella con una gasa limpia le lavaba la sangre de la cara.

—Dominga —casi era un susurro—, Dominga, soy Justo.

De pronto, al oír aquel nombre, se paró y con lágrimas en los ojos le dijo:

—Justo, amigo —se le había hecho un nudo en la garganta— ¡Aguanta!

Él no le quitaba los ojos de encima, mientras ella continuaba haciendo su trabajo. Tenía que salvarlo.

—Dominga —volvió a repetirle—. Tu hermano Isidro... —hizo una pausa, le faltaba el aliento.

Dominga lo miró:

—¿Mi hermano? —temía preguntar.
—Tu hermano está vivo, él ha conseguido escapar —dijo Justo con el poco aliento que tenía.

Ella, sin pararse, aún con un nudo en la garganta, lo besó en la frente.

—Justo, aguanta —le apretó la mano—. Tenemos que volver juntos a casa.

Él, tierno, la sonrió.

—Claro que sí, señorita Dominga —hizo una pausa—, volveremos los tres a casa.

Pasaron largas horas taponando, suturando y limpiando, hasta que, por fin, ella pudo descansar.

Salió de la tienda llena de sangre. Anduvo unos metros, cayó de rodillas y rompiendo en llanto, con las manos entrelazadas, la cara mirando al cielo, como el que le habla a Dios, dijo:

—Gracias.

Capítulo 12. Alguien te está buscando

Antonina había salido a comprar pan y coger agua de la fuente de la plaza. Al llegar a casa, Mercedes salió a ayudarla. Hacía meses que las dos estaban solas y últimamente hasta Mercedes había salido a por agua en alguna ocasión. Aquel día, Antonina había vuelto solo con una cantara de agua. La pobre mujer no había podido cargar las dos. Mercedes, corrió a su alcoba a por un pañuelo para cubrirse la cabeza.

—Antonina, déjeme que salga yo. Esa cantara pesa mucho —dijo Mercedes mientras le quitaba el peso a su suegra.

Antonina se resistía, pero sabía que tenía razón.

—Hija, no me gusta que salgas sola —dijo Antonina—, todavía es peligroso.

Mercedes le acarició la mano dándole palmaditas cariñosas.

—No tardo —y cerró tras de sí la puerta.

Con sigilo y prudencia para no llamar la atención por si se cruzaba con alguna persona no amigable, se dirigió a la fuente. A lo lejos podía ver la cantara que se había dejado Antonina, agilizó el paso y se agarró el vestido, decidida a llegar lo más pronto posible a recogerla.

—¿Doña Mercedes? —la voz de un chico joven de pronto la llamaba.

Mercedes apretó el paso aún más, para evitar ser reconocida. Pero el mozo se bajó de un carro, y corrió hacia ella. Se puso delante y le dijo:

—¡Doña Mercedes! ¿No me reconoce usted? —hizo una pausa, ella no le miraba—. Soy Nati, trabajo en su casa.

Mercedes levantó la vista y se encontró un hombrecito sonriente, de aspecto delgado pero fuerte.

—¡Nati! Ay, hijo perdóname —lo abrazo— ¡Cómo no voy a conocerte!
—Señora, que alegría encontrarla —se separaron—, he venido a conseguir algo de comida a Mora, en el pueblo es difícil, no hay trabajo.

Mercedes lo miraba con ternura. Nati, sus hermanos y sus padres habían trabajado siempre con la familia. Era como un hijo para ellos, y uno de sus hermanos mayores había caído preso el mismo día que Isidro.

—Déjeme que la ayude —Nati cogió la cantara y les hizo un gesto a los muchachos del carro—. Yo la acompaño señora, tengo un rato, estamos esperando a mi primo.

Mercedes asintió y comenzó a caminar en dirección a casa de Antonina. Cuando llegaron, Mercedes retiró la cortina que cubría la puerta de la casa y llamó tres veces. Pacientes, esperaron a que Antonina abriese la puerta.

Mercedes entró seguida de Nati. Antonina, al verle entrar, se sorprendió. Casi no podía reconocerle de todo lo que había cambiado.

—Nati, hijo, ya eres todo un hombre —le dijo Antonina muy contenta.

—Doña Antonina, qué gusto volver a verla —se quitó el sombrero que llevaba e hizo un gesto de cortesía.

—Ven, hijo ven, vamos a tomar algo —Antonina corrió a la cocina a preparar algo para almorzar mientras Mercedes y Nati la seguían.

La mesa se llenó de dulces, de leche, de pan frito, de gachas, de carcamusas... la mesa se llenó de ilusión de ver que aquel joven seguía bien.

—Siéntate hijo y come —le dijo Antonina.

Nati se sentó y comenzó a comer tímidamente, hasta que, con tono cariñoso, Antonina le dijo:

—Venga, no seas tímido, ¡come, muchacho, que estás creciendo! —sus ojos se iluminaron.

Nati sonrió, y cogió unas pastas.

—Doña Antonina, cómo sabe usted que me gusta el dulce —le dijo alegremente.

Fue un rato agradable, hablando de la vida, de tiempos mejores. La tarde iba cayendo, el reloj de la iglesia redobló, marcando la hora. De pronto, Nati dio un salto mirando por la ventana:

—Anda, ¡qué cabeza! —dijo con tono simpático—. Señoras, me voy a tener que ir ya, seguro que me estarán esperando.

Mercedes le sonrió, se levantó para acompañarlo a la puerta. Mientras Nati se despedía de Antonina, ella le metía en su bolsa un paquete de bollos de azúcar atados con una servilleta. Simpáticos se sonreían como si fuesen cómplices de alguna travesura.

De camino a la puerta, Nati se paró:

—Señora, ¿cuándo creen que volverán a casa? —Mercedes le sonrió apesadumbrada— Los hombres han arado las lindes, ya no hay trabajo, no hay animales de labor ni para comer —Nati retomó el paso lento antes de volver a detenerse—. Su casa Señora, la han hecho casa del pueblo.

Mercedes no tenía respuesta.

—Han destrozado la Iglesia y no quedan imágenes —Nati miraba al suelo apenado—, las arrastraron por el pueblo antes de prenderles fuego en la puerta de la Iglesia.

Mercedes respiró hondo y, con cariño, le puso la mano en la espalda.

—Hijo, esperemos que podamos volver pronto.

De pronto, Nati la miró fijamente:

—No señora, ¡tienen que volver ya! —hizo una pausa—. Además, hay una mujer que está intentando localizarla desde hace ya mucho tiempo, y la Micaela consiguió guardar una carta que les ha llegado urgente.
—¿Quién es esa mujer? —preguntó— ¿Una carta? —siguió indagando extrañada.
—Sí, señora, una carta. Si usted quiere se la traigo —Mercedes asintió con la cabeza confundida.
—Descuide, Señora, que en cuanto podamos volver a Mora, se la haré llegar —dijo él antes de salir por la puerta.
—Gracias, hijo, ten mucho cuidado por favor y dale un beso muy fuerte a toda tu familia.

Se despidieron con una caricia, una sonrisa y un hasta pronto. El corrió calle arriba hasta la fuente donde aún le esperaban. Ella lo observó desde el umbral de la puerta, descubierta, completamente despreocupada por ser vista hasta que, por fin, dejó de verlo.

Entró en la casa aún pensativa. ¿Quién la podría estar buscando? ¿Una carta? El miedo recorrió todo su cuerpo, no había sabido nada de su hijo Isidro desde hacía muchos meses. Sí sabía que Hortensia, Gregorio y el pequeño Alejandro estaban en Madrid y Dominga había alcanzado a mandar un breve mensaje hacía algunas semanas diciendo que estaba bien.

Antonina salió con unos paños de cocina en las manos y, al verla en el pasillo de pie, absorta en sus pensamientos, se le acercó:

—Mercedes, ¿estás bien?

Ella la miró con el ceño fruncido:

—Creo que es momento de volver, Antonina.

La mujer bajó los brazos, mientras la observaba más intensamente:

—Pero, ¿qué ha pasado? —hizo una pausa— Mercedes, pero ¿cómo te vas a ir a la casa sola?

Mercedes continuó por el pasillo:

—No lo sé, Antonina, aún no lo sé, pero tengo que volver a mi casa —sentenció.

Se había hecho tarde, y ambas se fueron a sus alcobas con ese último pensamiento.

Los días y sus rutinas se sucedían. Poco a poco, el ambiente en las calles se iba relajando. De vez en cuando, hasta se permitían pararse a hablar con alguna cara conocida. Pasaban las tardes cosiendo, bordando y remendando como antaño, sentadas en dos pequeñas butacas al lado de la ventana, resguardadas tras un visillo, siempre observadoras, veían el ir y venir de todos aquellos que pasaban delante de su casa.

Mercedes a veces se perdía en sus pensamientos, soñando muy lejos, sus manos se frenaban, su mirada fija en algún punto, su respiración tranquila. En ese rincón al que solo ella tenía acceso, lo veía a él, su figura esbelta, dando pasos firmes repasando el viñedo, seguido de su hermano Doroteo que, jovial, siempre se embarcaba en cualquier aventura con Gregorio, mientras Águeda y ella se acercaban paseando con el almuerzo. Una y otra vez, esa imagen la acompañaba. Ellos saludándolas con la mano y una sonrisa, ellas alegremente devolviéndoles el gesto. "Como os echo de menos", pensó Mercedes.

La puerta sonó. Antonina se levantó sobresaltada, ya había empezado a oscurecer. Mercedes parecía no haberse percatado. Antonina le agitó el brazo. Mercedes levantó la mirada. Sus párpados le pesaban y casi no había podido reaccionar:

—Están llamando a la puerta —dijo en un susurro mientras le zarandeaba el brazo.

Mercedes miró a su alrededor, tratando de decidir qué hacer. Se acercó al cristal de la ventana, pero no alcanzaba a ver el umbral de la puerta desde ese ángulo.

—Espérame aquí, Antonina —se levantó atusándose el vestido—. Vengo ahora mismo, voy a ver quién es.

Se acercó a la puerta, respiró tratando de calmarse antes de abrir. La cortina dibujaba una silueta menuda al otro lado; con cuidado la retiró.

Se encontró con una mujer joven, delgada, menuda, con el cabello moreno, lacio y desatado que llevaba un vestido liso con falta recta hasta los gemelos de color café y zapato de cuero gastado.

—¿Doña Mercedes? —dijo la joven con la voz quebrada.

Mercedes, en el umbral, la observaba. Su mano comenzó a temblar al mirarla más fijamente.

—¿Carmen? —Mercedes corrió a abrazarla— ¡Carmen, que mayor estás!

Carmen la abrazó fuerte, rompiendo en llanto:

—Señora, llevo mucho tiempo buscándola —dijo la chiquilla, angustiada.

Mercedes, suavemente, la metió dentro de la casa cerrando la puerta tras de sí, mirando con prudencia a ambos lados esperando no ser vistas.

—¡Antonina, ven! —se volvió a mirar a Carmen— ¡Mira quién ha venido! —le sonrió.

Antonina, que estaba de pie en la salita donde pasaban los días, corrió a la entrada de la casa. En el patio la vio y con ternura pensó: "que delgada está, parece una cría".

Antonina se le acercó, la penumbra no la dejaba ver bien donde pisar, así que, a tientas, ayudándose de las manos mientras acariciaba los muebles a su paso, consiguió llegar hasta ellas.

La tomó suavemente por las manos. Ella no se movía, aún con la mirada gacha y el semblante triste. Su ropa estaba sucia y rota, y su pelo, se notaba que hacía días que no había sido peinado. Con temor Mercedes le hizo un gesto a Antonina, ninguna sabia las desventuras que aquella joven habría podido pasar. La dirigieron a la cocina invitándola a sentarse en el banco de la mesa, donde tiempo atrás la familia había compartido infinidad de momentos juntos. Ella se sentó. Poco a poco, su pequeño cuerpo se fue fundiendo con los cojines del banco. Apoyando los codos en la mesa, luchaba por mantenerse despierta.

Mercedes le acercó un cuenco de leche que acababa de calentar, unos terrones de azúcar y pan frito. Carmen comenzó a comer, cogiéndolo con sus huesudas manitas. En el silencio más profundo, mientras comía, comenzó a llorar.

Antonina se levantó de su lado, mientras Mercedes le tomaba el relevo, reconfortándola con sus brazos desde el otro lado del banco.

—Hoy dormirás aquí, niña —dijo Antonina—, estás agotada y hace frío.

La chiquilla, agradecida, no dejaba de llorar en silencio. Antonina desapareció entre las sombras, mientras Mercedes y Carmen la esperaban pacientes en la cocina. Al cabo de un rato apareció, con una leve sonrisa cariñosa en la cara.

—Te he preparado la habitación de mi hija Natalia —dijo con tristeza—.

Aquella habitación, como si de un museo se tratase, se había mantenido intacta desde que Natalia había fallecido en el parto de Hortensia. Solo Antonina cruzaba el umbral para adecentarla de cuando en cuando, preservando así, intacto, su recuerdo.

Carmen se levantó y acompañó a Antonina por el pasillo haciéndose cada vez más pequeña a su paso. Mercedes recogía la mesa mientras la noche caía sobre ellas. Aquella sensación de vacío se fue contagiando a la calle donde, uno a uno, se fueron apagando hasta el último candil.

Mercedes no podía dormir, la imagen de Carmen, huesuda, cansada y con sus ropas sucias, la había inquietado. No podía evitar pensar en su hija Dominga. ¿Qué peligros podrían acecharla? Con aquel pensamiento, se levantó de la cama. Sin apenas darse cuenta ya había amanecido. Se acercó al baúl donde guardaba algunos trajes que durante esta época Antonina y ella habían remendado. "Seguramente le quede grande", pensó Mercedes. "No importa, luego se lo arreglamos", se respondió a sí misma. Revolvió el baúl hasta que dio con uno. "Este sí, con este se verá perfecta".

Cerró el baúl, miro el reloj, era casi el alba. Se dirigió a la cocina dispuesta a preparar el desayuno.

—¡Por el amor de Dios! —gritó Mercedes al entrar, llevándose las manos al pecho y dejando caer el vestido.
—Señora, ¡discúlpeme! —dijo Carmen mientras se levantaba a ayudarla.

Un poco más recompuesta, se apoyó en el banco y le dijo:

—Pero ¿qué haces aquí sola y a oscuras?

Carmen, muy inquieta, miró al suelo:

—Discúlpeme, señora, no pretendía asustarla —su voz empezó a temblar—. Yo…. Yo solo… Señora, no podía dormir.

Mercedes se agachó a coger el vestido y lo dejó sobre el respaldo de una de las sillas de la cocina, mientras se acercaba a ella.

—Está bien, está bien, no pasa nada —trató de tranquilizarla—, vamos a desayunar y cuando acabemos, te prepararemos un baño para que puedas asearte.

Carmen asentía con la cabeza como una chiquilla. Un ruido las alertó por el pasillo, ambas se levantaron corriendo a mirar. Era Antonina, que se había levantado del susto al oír gritar a Mercedes.

Mercedes y Carmen se miraron, y una leve sonrisa se les dibujó en el rosto. Burlona, tratando de quitarle importancia al sobresalto, dijo:

—Antonina, ¡no tengas prisa que tenemos café para todas! —las tres se rieron mientras Antonina se aproximaba atusándose el vestido.

Desayunaron mientras hablaban de todo aquello que hablan los amigos.

Mercedes las dejó en la cocina, mientras le preparaba un baño como habría hecho con cualquiera de sus hijos.

"Ay, ¡he olvidado el vestido!", pensó para si mientras se ponía en marcha para recogerlo. Al darse la vuelta, se la encontró de nuevo, en silencio con la mirada fija en el suelo.

—Carmen, hija, que me vas a matar de un susto —le dijo Mercedes de broma.

Pero esta vez, Carmen no se rio. Al verla tan seria, se acercó a ella.

—Carmen, ¿qué pasa? —pero ella no contestaba— Carmen, me estás asustando. ¿Qué te pasa? ¿Te han hecho daño?

Ella negó con la cabeza. Mercedes buscó dónde sentarse, dónde poder acercarse a ella. Vislumbró una silla arrinconada en una esquina. El trenzado de enea era testigo de los muchos momentos vividos, aún firme pero deshilachado, sería suficiente para sostener a Carmen.

Mercedes la acercó, la muchacha negaba con la cabeza y de forma casi imperceptible, murmuraba:

—Señora, no sabe cuánto lo siento —repetía una y otra vez.

Mercedes, confusa, se arrodilló y cuando estuvo a la altura de sus ojos:

—Carmen, dime que te pasa —con voz pausada y compasiva.

Carmen rompió a llorar, tapándose la cara son sus menudas manos. Agarró su falda y se tapó la cara secándose las lágrimas. Los sollozos no la dejaban respirar, casi no podía hablar.

—Carmen, por favor, hija, tranquilízate, respira —le dijo Mercedes cariñosa tratando calmarla.

De pronto, la niña se calmó, clavó su mirada en la de Mercedes y dijo:

—Señora, yo lo vi, se dónde están —dijo Carmen.

Mercedes frunció el ceño, confusa:

—¿Qué viste el que? ¿Qué es lo que sabes? —no entendía nada.

Carmen la miró fijamente, se acercó aun sentada y le cogió las manos a Mercedes:

—Señora —hizo una pausa— el señor Gregorio —hizo otra pausa— el señor Doroteo, Don Mónico, sus primos… los hombres de Manzaneque, señora.

El silencio se apoderó de aquella habitación. Mercedes la observó sin que una sola palabra le saliese. El fuego recorrió su cuerpo, la respiración se agitó en su pecho, entrecortada.

—Señora. Sé dónde están los cuerpos.

Capítulo 13. Juntas

Agachada, recogiendo los trozos de una jarra que por un descuido se le había resbalado, con la falda mojada y un corte en la mano, mientras murmuraba maldiciendo su torpeza, estaba ella. Las muchachas trataban de disuadirla llamando su atención, preocupadas por la herida que, aunque pequeña, no dejaba de sangrar.

Se levantó, molesta, mientras observaba como aquellas jovencitas recogían lo que a ella no le habían dejado recoger por temor a que se hiciese daño. "Qué más dará que sangre yo, si lo mismo sangran ellas", pensó. Sabía que aquella era una batalla que no podía luchar.

Salió de la cocina mientras que, con un pañuelo que tenía guardado en su manga, se cubría cuidadosamente la mano tratando de frenar el sangrado. Sumida en ese pensamiento, continuó en dirección a su alcoba. Se miró el vestido, tenía la falda empapada. "Qué torpe eres, Águeda", se repitió a sí misma. "Ahora tendrás que cambiarte", continuó.

Una voz, aguda y punzante, resonó en el pasillo.

—Señora Águeda —decía una y otra vez una de las mozas de la casa: una joven que no tendría más de 12 años y vivía con ellos desde que había nacido, pues su madre también se había criado en la casa y era huérfana de padre.
—Señora Águeda —repitió.

Águeda parecía no escucharla hasta que, de pronto, su vocecita la despertó. Se dio media vuelta, buscándola. Mirando aún al suelo, vio unas botas de campo al lado de sus pies. Levantó la vista con una mezcla de curiosidad y miedo y entonces enmudeció.

—Señora Águeda —dijo él— ¿sabe quién soy?

Águeda soltó el pañuelo que tenía en sus manos y se acercó a él.

—¡Cómo no voy a saberlo! —dijo ella, tratando de contener la emoción—. Nati, ¡qué alegría verte! —le tomó por sus manos— ¿Qué haces aquí?

Él iba a responder, pero Águeda se adelantó:

—¡Espera! —se volvió a la muchachita— Sofía querida, pide que nos preparen la sala de café.

Sofía asintió y salió corriendo por los pasillos de la casa para cumplir su cometido.

Más calmada, Águeda se volvió a Nati:

—Cuánto has cambiado, ya eres todo un hombre —le dijo con ternura.
Él, tímido y con su sonrisa siempre a cuestas, asintió. Pasaron unos segundos, donde ambos se observaron, intentando no decirse lo que era obvio, intentando no caer en la realidad dolorosa de los recuerdos.
—Sígueme por aquí, vamos a tomar algo —le dijo Águeda señalándole el camino.

Nati la siguió en silencio hasta que llegaron a una sala acogedora, más pequeña que las estancias por las que ya habían cruzado. En el lado opuesto había unos butacones, no muy grandes, de madera caoba, vestidos de terciopelo burdeos. Águeda se dirigió hasta allí y le indicó con la mano que tomase asiento.

Justo cuando Nati iba a comenzar a hablar, dos mujeres entraron por la puerta. Cada una llevaba una bandeja de plata. La primera se acercó y dejó con cuidado varios platos de porcelana con dulces en la mesa. La segunda apoyó dos juegos de tazas en la mesa, un azucarero y una jarrita con leche, mientras cortésmente, les ofrecía café.

Nati solo podía mirar sus manos, inquieto, mientras aquellas mujeres realizaban su despliegue. Águeda solo podía mirarle a él.

Las mujeres se fueron y por fin se quedaron solos. Nati agarró su bolsa y rebuscó. Sin decir nada, estiró el brazo, y le entregó a Águeda una carta. Ella la acarició inquieta, el pulso se le aceleró, el ceño fruncido, sus ojos se entornaron buscando respuesta. No había nada escrito en el sobre, tampoco venía sellada con lacre.

La posó sobre sus piernas con las palmas de las manos sobre ella y se tomó un momento. Apretó los labios, respiró profundo y tragó saliva con dificultad. El salón se hizo aún más pequeño. Nati la miraba tímidamente. Águeda la abrió, desplegó la carta y comenzó a leer. Sus pupilas se movían frenéticas, siguiendo con nerviosismo cada línea manuscrita. Los ojos se enrojecieron levemente hasta que se encharcaron. Cerró la carta, la posó sobre sus piernas nuevamente y, con el dorso de su mano, se secó las lágrimas, mientras aún con los ojos casi cerrados, trataba de controlar el ritmo de su respiración exhalando suavemente. Nati simplemente la observaba, la acompañaba. Por fin levantó la vista y con la voz temblorosa:

—Sí, hijo, así lo haremos —le dijo.

Él no respondió, pero suavemente asintió.

Ya habían pasado algunos días, Mercedes ansiosa lavaba y remendaba toda su ropa. Antonina la observaba apesadumbrada. Aquella noche pusieron la mesa. La encimera de la cocina estaba repleta de paquetes listos para ser recogidos. Mientras comían, Antonina se aventuró:

—Mercedes, ¿estás segura? —Mercedes no levantó la vista del plato ante aquella pregunta.
—Suegra, qué rico está este guiso —contestó ella tratando de aparentar normalidad.

Siguieron cenando y de pronto Mercedes levantó la vista, muy seria:

—Antonina, gracias.

Las dos mujeres se miraros a los ojos; Antonina con la angustia de una madre que había perdido a sus hijos, temerosa de que su nuera y sus nietos corriesen el mismo destino. Pero se contuvo, y simplemente, asintió.

— Tengo que hacer esto —prosiguió Mercedes—, debo cumplir mi promesa.

Antonina volvió a asentir y le tendió la mano alcanzándola por encima de la mesa. Mercedes se la cogió. Ambas se disfrutaron un instante, recordando lo que tantas veces habían hablado durante ese tiempo. El silencio pausado las acompañaba, permitiéndoles un momento de paz.

La madrugada lo envolvía todo a su paso; Mercedes esperaba sola en el corral. La puerta sonó. Corrió a abrirla: un carro la esperaba. Nati se bajó y con sigilo ambos comenzaron a subir los paquetes con comida y algunas pertenencias que Mercedes había preparado. De pronto, se llevó las manos a la cabeza y pensó "mis cosas de aseo". En un susurro, le dijo a Nati:

—Vengo en un momento —y fue rápidamente a por ellas.

Al salir, en el pasillo la esperaba Antonina, ataviada con una toquilla. Mercedes frenó y lentamente se acercó a ella. Ambas contenían las lágrimas.

—Tengo que hacer esto —la anciana asentía entre lágrimas—, tenemos que recuperar nuestras casas, nuestra vida —paró un segundo— se lo prometí, Antonina. Debo cumplirlo. Por él, por ellos, por nosotras, por nuestros hijos —hizo una última pausa—. Necesito que envíes esto —le tendió una carta.
Antonina la recogió y tragó saliva mientras trataba de no derrumbarse.

Mercedes la besó en la frente, se miraron una última vez y, luchando por no echar la vista atrás, se alejó tan rápido como pudo.

—Señora Águeda —dijo el capataz tratando de no levantar demasiado la voz— por aquí tenemos todo listo.

A la luz de un candil, acompañada por su mujer de confianza, repasaba todo lo que tenía pendiente. La mujer, sutilmente, trataba de señalarle con la mano al capataz, que parecía estar llamándola, pero Águeda estaba más preocupada por no dejarse nada.

—Es importante que lo tengas claro —le repetía una y otra vez—. Por favor, si no recibís noticias, debéis avisar a Mercedes. Te he anotado la dirección —hizo una pausa— sé discreta, confío en ti.

La mujer, que sería algo mayor que Águeda, confirmó con el gesto sobrio:

—Descuide, señora, así lo haré.

Respiró hondo, le apretó el antebrazo con cariño y con una leve sonrisa se despidió, dirigiéndose al carro.

Las noches, que en los últimos tiempos se habían hecho eternas, pero esa noche parecía acortarse.

Al final del camino, por fin pudo vislumbrar unas luces. Se incorporó, como si tratase de alcanzar con la vista la casa que durante tantos años había sido su hogar. Llevaba las llaves en su bolso de mano y su mano derecha dentro del bolso acariciándolas como si de un tesoro se tratase. Una sensación de inquietud, miedo y curiosidad recorrió todo su cuerpo. Sus manos se agarraron con fuerza al carro y dejó que su cuerpo sobresaliese. El aire la despeinaba, cerró los ojos y levantó la cabeza al cielo. "Grego, estoy en casa", pensó ella.

Algunas ventanas se iluminaron discretamente a su paso. Llegó al cruce de las cuatro esquinas, dobló la calle y giró a la derecha antes de llegar a su casa. Las mulillas iban muy despacio, sigilosas tratando de no dar pistas de su destino. Nati se paró en la puerta de Doroteo. Mercedes se levantó, estaba tan ansiosa que a pesar de sus dificultades bajó del carro obviando la ayuda que Nati trataba de brindarle. Las calles, a oscuras, parecían más vacías que nunca. Se aproximó a Nati, que la esperaba paciente. Ella lo miró emocionada. Con pasos cortos e inseguros, se dirigió a la puerta de la casa, llamó tres veces y esperó. Pero nadie abrió. Mercedes volvió a insistir. Pero de nuevo, nadie contestó.

—¡Mercedes! —dijo una voz.

Mercedes volteó la cabeza. Sus miradas se encontraron.

—¡Águeda! —respondió Mercedes visiblemente emocionada.

Al final de la calle, en la penumbra la esperaba. Un hombre estaba con ella. Las mujeres corrieron a abrazarse, se besaron, se cogieron por las mejillas para mirarse. Lloraron.

—Temía que no lo consiguieses —dijo Águeda mirando fijamente a Mercedes, sus manos temblaban levemente. Sus ojos vidriosos brillaban de emoción.

Mercedes, al oírla decir eso, la estrechó aún más fuerte. Sus respiraciones se unieron, sus cuerpos se relajaron y, en un susurro, Mercedes le dijo:

—Ya no hay nada que temer —le cogió las mejillas y sonrió— estamos juntas.

Capítulo 14. Una sorpresa inesperada

La puerta de la casa repicó. Las mujeres estaban en la cocina. Habían pasado varios días desde su llegada, con discreción se estaban asentando, mientras en los ratos más ociosos miraban a través del visillo las idas y venidas de los que, sin poder frenar la curiosidad, pasaban delante de la casa tratando de averiguar lo que dentro pudiese estar sucediendo.

La puerta volvió a redoblar, esta vez más fuerte. Mercedes, miró a Águeda que, con templanza, se acercó a abrir. Apartó la cortina con las manos y palideció. Al otro lado del umbral aguardaban un ejército de viudas, huérfanos y ancianos, familiares y amigos que tanto tiempo llevaban sin ver.

Mercedes, al no escuchar nada, se acercó preocupada por si le hubiese pasado algo a Águeda. Al llegar, la vio de pie en el umbral de la puerta, apartando la cortina:

— Águeda —ella se giró— ¿Qué pasa? —dijo inquieta mientras se terminaba de limpiar las manos con un paño.

Águeda se apartó y le dijo:

—Míralo tú —hizo una pausa, volviéndose hacia aquellas mujeres mientras Mercedes se acercaba traspasando el umbral—. Mercedes, no estamos solas.

Mercedes salió por la puerta, bajó el peldaño y se paró un segundo a mirarlas. Observó lentamente a ambos lados de la calle, sorprendida, dándose cuenta de que llegaban hasta casi el final de la calle.

La mujer de Matías, su primo, se acercó con su hija pequeña en brazos y su hija mayor cogida de la mano. Se puso delante de ella y le dijo:

—Os hemos echado de menos —sus miradas, se cruzaron y un hormigueo les recorrió el cuerpo.

Entre el gentío, alguien se abría paso. Águeda, que estaba aún en el umbral de la puerta, podía ver un muchacho que lentamente se aproximaba a ellas, hasta que, por fin, las alcanzó. Se acercó a Mercedes, que aún no había sido capaz de reaccionar, se quitó el sombrero dando un paso más, y acercándose a Águeda dijo:

—Señoras —levantó la cara— qué alegría volver a verlas.

Ambas se giraron a mirarle. A Águeda se le escapó un alarido:

—Por el amor de Dios —soltó la cortina y corrió a acercarse— ¡Justo! —no se pudo contener y lo tomó por las manos—. Ay, Justo, hijo, ¡estás vivo! —Águeda no podía dejar de llorar.

Mercedes los miraba mientras el terror se apoderaba de su cuerpo. Y sin aún poder articular una palabra, en silencio, lloró. Su respiración estaba bloqueada en su garganta y sus manos agarraban con fuerza el paño con el que se había limpiado las manos.

Nati, al ver que Mercedes aún estaba inmóvil, se acercó:

—Señora, ¿le parece bien que abra el corral? —Mercedes lo miró con el gesto roto y asintió.

Él corrió dentro de la casa tan rápido como pudo, abrió el corral y luego avisó a las mujeres que pasaran.

Entraron una tras otra hasta que en la calle ya solo quedaban Águeda, Mercedes y Justo. Águeda cogió por el brazo al muchacho y se dirigieron al corral.

Ya solo estaban Mercedes y él. Se acercó y con delicadeza tomó a Mercedes por el antebrazo y la dirigió dentro de la casa.

Estaba bloqueada, más de lo que nunca la había visto. Ella le seguía; juntos recorrieron los pasillos y estancias hasta que llegaron al corral. Los murmullos y el llanto de algún niño lo llenaban todo.

Justo, con delicadeza, se acercó a Mercedes que lo miraba aun con más miedo que antes.

—Señora Mercedes —dijo, mientras ella temblaba solo de pensar que él estuviese aquí, pero no hubiese tenido noticias de su hijo —quiero que sepa que les estoy muy agradecido —continuó— estoy aquí, gracias a Isidro y Dominga.

Mercedes cada vez tenía más difícil contenerse, esperando impaciente la peor de las noticias.

—Dominga está en el frente en Toledo, está bien señora —sus ojos se inundaron junto con una mezcla de alegría y miedo—. Ella curó mis heridas cuando me trajeron para tratar de salvarme.

La barbilla le temblaba, a punto de romper en llanto. Justo se acercó aún más.

—Señora, Isidro —el muchacho hizo una pausa, buscando las mejores palabras— el señorito Isidro y yo conseguimos huir, la milicia nos asaltó —se tomó un momento—. Señora, a mí me hirieron, pero Isidro logró escapar y esconderse, volvió a por mí con ayuda y me llevaron a Toledo al hospital. No habría sobrevivido si no hubiera sido por eso.

De pronto, Mercedes reaccionó y con voz muy tenue, casi imperceptible, tendiéndole la mano, dijo:

—¿Está vivo? —temerosa de lo que aquel muchacho fuese a responder.

Él acarició su mano y con calma le dijo:

—Sí, señora, Isidro está vivo.

La mujer se tapó las manos con el paño, dejándose caer al suelo aún agarrada de la mano de Justo. El resto de visitantes la observaban, arrodillada, encomendándose a Dios. Águeda se agachó a consolarla. Las cuñadas, cómplices, se abrazaron. Se tomaron un momento y, de pronto, a Mercedes se le llenó de fuego la mirada.

Respiró hondo, se secó la cara mientras se incorporaba. Se giro acercándose a Justo: no hacían falta las palabras, ya se lo habían dicho todo.

Dio un paso al frente, tragó saliva y, con solemnidad, pronunció:

—Señoras, señores —se dirigía de un lado a otro del corral, tratando de hacer llegar su mensaje a todos los que les acompañaban—. Es hora de que nuestros hombres vuelvan a casa.

Las mujeres la miraban incrédulas. Mercedes alzó un poco más la voz:

—Los traeremos de vuelta a casa —respiró hondo— y recuperaremos lo que es nuestro.

Una mujer que estaba al final del corral rompió el silencio:

—Mercedes, ¿qué dices? ¿Cómo vamos a traerlos a casa?

Mercedes la buscó con la mirada, hasta que la localizó al fondo del corral, subida en el filo del pozo.

—Carmen, la muchacha de los Yébenes que nos llevaba las cabras y ovejas, vino a verme.

Las mujeres seguían inquietas. El murmullo era cada vez más fuerte.

De repente, una voz masculina anunció:

—Yo los traeré de vuelta a casa.

Todas las miradas se giraron hacia él.

Nati dio un paso hacia ellas, mientras miraba al resto de mujeres del corral:

—Señoras, Carmencita me dijo dónde están y puedo pedirle ayuda para localizarlos.

Mercedes miró a Águeda y volvió a mirarle a él, cayendo en la cuenta de que no habían trazado ningún plan, así que hizo una pausa, se volvió a Nati y le dijo:

—Está bien, Nati —le sonrió, mientras algunas mujeres lloraban asustadas—. Está bien, pensemos en cómo vamos a hacerlo.

Capítulo 15. Promesas por cumplir

—¡Dominga Lillo! —gritaba un pequeño muchacho que no tendría más de 12 años, mientras agitaba un sobre al aire— ¿Alguien conoce a Dominga Lillo?
—¡Aquí! —dijo una voz— ¡Es aquí! —señalando con la mano a una de las tiendas.

El muchachito agradeció con una sonrisa y salió corriendo en dirección a la tienda. Se frenó en la entrada, irguió la pose, y sin aun cruzar las telas que separaban los dos mundos, la llamó:

—Buenos días, señoras —nadie le contestaba, pensó que quizá su entonación no había sido la adecuada, así que con más determinación lo volvió a intentar.
—¡Buenos días, señoras! Estoy buscando a la señorita Dominga Lillo —de nuevo nadie contestó.

Inquieto porque nadie le contestase, dio un paso al frente, tratando de adentrarse un poco en la tienda sin retirar aun las cortinas de la entrada. Cuando se preparaba para volver a llamarla, alguien retiró la cortina. El muchacho, sobresaltado, dio un brinco mientras bajaba cortésmente la mirada.

Una joven, no muy alta, esbelta, de cabello negro semi recogido, ojos oscuros, vestida en color crema con falda hasta las pantorrillas, apareció tras las cortinas que sujetaba con sus manos de dedos largos.

Se observaron por un momento y él, sin alzar la vista, acercó levemente la carta:

—Disculpe, señora, no quería importunarla, pero... —hizo una pequeña pausa— pero vengo buscando a una muchacha a la que le tengo que entregarle en mano algo —el chiquillo levantó la mirada clavándola en los ojos de ella— ¿Conoce usted a Dominga Lillo?

Ella, enternecida, sonrió:

—No busques más —le dijo sonriendo—, yo soy Dominga Lillo.

Apartó aún más la cortina, dio un paso a un lado invitándole a entrar y le dijo:

—Pasa, vamos a desayunar.

El muchacho la siguió.

Ella le preparó una taza de leche que aún tenían caliente en el puchero mientras él la observaba tratando de recordarla. Había pasado mucho tiempo desde la última vez que la había visto y estaba muy cambiada.

Él tomó la taza con una mano y con la otra le acercó la carta. Ella dudó por un momento y la cogió. La abrió cuidadosamente, no tenía remitente ni lacre, desplegó el papel y comenzó a leer, mientras el muchacho la observaba, hasta que, por fin, terminó.

Dobló la carta, la guardó en el bolsillo de su mandil, lo miró y le dijo:

—¿Eres de Mora?

Él asintió.

Dominga se dio media vuelta y desapareció saliendo de la tienda. El chiquillo se quedó inmóvil, sujetando la taza con sus manitas, sin saber bien qué hacer. Así que continuó comiendo. El tiempo pasaba, y él cada vez estaba más inquieto.

Al cabo de un rato apareció Dominga, llevaba la carta entre sus manos, su gesto era serio. La acompañaba un hombre más mayor vestido de uniforme. Dominga se acercó al muchacho y sin más dilación le dijo:

—Hoy dormirás aquí, mañana sale un grupo en dirección a Mora y nos iremos con ellos.

El muchacho asentía rápidamente con la cabeza mientras se quitaba su pequeña gorra y bajaba la mirada tratando de mostrarle respeto a aquel hombre.

Ella se giró en dirección a aquel hombre y le tendió la mano. Él se la estrechó:

—Ha sido un honor, señor —su voz parecía quebrarse—. Gracias por haberme acogido y haber cuidado de mí.

Él, muy serio, le apretó la mano respondiendo:

—Gracias a usted —sonrió levemente— ahora debes cumplir con tu deber.

Nati, ¿están los carros listos? —dijo Justo.

Nati andaba preparando uno de ellos. Justo se le acercó con dificultad, aún se estaba recuperando.

Nati, al verle, dejó lo que tenía en las manos y se apresuró a ayudarle:

—¡Anda que eres bolo, muchacho! —le reprendió— ¡No te estarás quietecito!

Lo cogió por el brazo y le acercó un serijo, le dio media vuelta para hacerlo asiento, y lo señaló:

—Siéntate, hazme el favor, que al final te vas a hacer daño y no vas a poder venir.

Justo, obediente se sentó.

La puerta del corral estaba abierta, era temprano, las viudas iban y venían trayendo lo que creían que podría ser necesario.

Mercedes apareció desde la casa.

—¿Habéis visto a Águeda? —su rostro estaba preocupado.

Los chicos se miraron y negaron con la cabeza.

Mercedes susurró preocupada:

—¿Dónde se habrá metido esta mujer?

Perdida en sus pensamientos se dirigió a la puerta del corral, dispuesta a salir a buscarla a casa de su primo Matías; seguro estaba con su mujer ayudándola con las niñas como había hecho los últimos días. Dio dos pasos mirando al suelo, repasando mentalmente todo lo que tenía pendiente, y se frenó en seco. Varios pares de botas bloqueaban su paso. Lentamente levantó la vista hasta que se encontró con su mirada.

Ella se paró y clavó sus ojos negros en los de aquel verdugo. Entornó la vista, con el gesto impasible. Alrededor de aquel hombre había un pequeño grupo de muchachos que la observaban. Paco tenía fuego en la mirada, pero no más que el que tenía Mercedes. El silencio recorrió toda la calle.

—Hombre, ¿te has atrevido a volver? —dijo él en tono jocoso buscando apoyo de sus acompañantes. Pero los acompañantes no se rieron esta vez.

Mercedes dio un paso al frente, se le acercó más y le dijo:

—Paco, veo que aún sigues por aquí —el gesto de Paco se ensombreció.

Ella dio un paso adelante, acercándose al cuello de su camisa mientras lo miraba de reojo, casi podía sentir su aliento. En un susurro le dijo:

—No te tengo miedo, Paco —se apartó para mirarle a los ojos—. No vuelvas por aquí. Pronto nos veremos.

Se apartó de él, observándole fijamente, hizo una pequeña mueca con desdén, y dirigiéndose al resto del grupo, elevó la voz:

—Si no se les ofrece nada —movió la mano invitándolos a irse.

Nati y Justo miraban la escena perplejos desde el otro lado del corral y en ambos lados de la calle habían aparecido mujeres, ancianos y niños.

Paco, rabioso, se giró a ambos lados y, al ver tanta expectación a ambos lados de la calle, dio la orden con la cabeza y se marcharon.

Águeda, que acababa de llegar a la esquina, se apresuró a esconderse contra el muro. Venía cargada con bolsas. Paco, al pasar a su lado, iracundo le lanzó un manotazo tratando de tirarle las bolsas. Ella se apartó, haciendo que aquella manaza no cumpliese su objetivo.

Se apresuró a acercarse a Mercedes, que aún no se había movido esperando a que aquel grupo estuviese lejos, la cogió del brazo arrastrándola dentro del corral. Los vecinos corrieron también dentro del corral.

—Mercedes, ¿qué ha pasado? ¿Qué quieren? —dijo Águeda, inquieta.

Mercedes aún con rabia le dijo:

—No lo sé, no me importa —se controló—, pero ya no voy a vivir con miedo —continuaba aún enfurecida. Entonces se giró a Águeda y le dijo— ¿Y tú dónde estabas? ¿Y si te llegan a ver sola?

Águeda ignoró su enfado, estaba pletórica.

—Escúchame, Mercedes —le señaló las bolsas— ¡Está todo!

Mercedes intentaba comprender lo que Águeda le decía. Frunció el ceño mientras negaba con la cabeza.

Águeda, que estaba tan inquieta que le costaba controlarse, continuó:

—¡Mercedes, mira! —abrió una de las bolsas y un poco más bajito le dijo —las escrituras, contratos, actas de nacimiento— le sonrió, haciendo una pausa— los libros de contabilidad…. ¡todo!

De pronto, Mercedes lo entendió, abrió otra de las bolsas y vio los tomos de cuero marrón que preservaban lo que tanto habían trabajado para conseguir. Dio un salto y la abrazó.

—¡Menudo susto me has dado! —la apretó aún más—. No vuelvas a irte sin decirnos nada.

Se giró a las viudas.

—¿Tenemos todo listo? —dijo Mercedes.

Una de ellas se acercó:

—Acabo de llegar del cementerio y ya se está preparando todo.

Mercedes asintió. Se giró mirando a Nati:

—¿Estáis listos? —Nati estaba atando las mulas a uno de los carros que tenían lleno de aperos.

El muchacho asintió. Justo y tres muchachos más esperaban la orden para atar las mulillas en un segundo carro.

Mercedes se acercó a su cuñada:

—Águeda —hizo una pausa— yo iré con ellos.

Águeda la tomaba por el brazo tratando de impedirle que se fuese mientras negaba con la cabeza. Mercedes asentía tratando que sus ojos no se le inundasen de lágrimas solo de pensar que podría encontrarse allí. Las mujeres, nerviosas, andaban y murmuraban alrededor de ellas. Águeda comprendió que no podría frenarla.

La soltó mientras se alejaba en dirección al carro donde estaban ya los muchachos.

Mercedes se sentó, miró a su alrededor. Se recompuso y sonrió.

—Volveremos tan pronto como podamos —dijo tratando de aparentar normalidad mientras el carro cruzaba la puerta del corral.

Antes de girar la calle, se giró a mirar en dirección a su casa. Le pareció verlos, volviendo de la bodega, como cualquier día de vendimia. Cerró los ojos y pensó "pronto estaréis en casa".

Capítulo 16. Volverte a ver

—Madre, ¿qué hora es? —dijo Carmen mientras se apresuraba a guardar unos mendrugos de pan en una bolsa.

Su madre, que estaba muy ensimismada en sus quehaceres, la ignoró. Tenía miedo de que la milicia pudiese reprenderlas, así que no contestó. Carmen, que sabía lo que le pasaba a su madre, se acercó al reloj del pasillo a mirar la hora.

—¡Ay, madre mía! —corrió a la cocina a coger su bolsa—. Madre, voy tarde.

Se acercó a darle un beso en la mejilla, pero la mujer, seria, ni siquiera se volvió a mirarla. Entonces la joven se paró y trató de darle la vuelta.

—Mamá —su madre le apartaba los ojos— por favor, perdóname, no quiero hacerte sufrir —por fin su madre la miró, entristecida—, pero tengo que hacer esto, si hubiese sido al revés, hubiésemos agradecido que alguien nos ayudase.

La madre, visiblemente afectada, susurraba "lo sé, hija, lo sé", mientras se abrazaban. Carmen la besó en la frente, cogió su bolsa, y se apresuró a salir de la casa en la dirección acordada. En las calles, aún no muy transitadas, estaban los de siempre.

—¿A dónde vas, muchacha? —le dijo un miliciano que siempre la andaba molestando— ¡Te veo muy sola! —soltó una carcajada.

213

Ella no respondió, ni lo miró, continuó con su camino apretando el paso. Entonces él, molesto porque una vez más le ignorase, intentó alcanzarla.

—¡Oye, tú! —le dijo visiblemente molesto— ¡que te estoy hablando!

Ya casi estaba a punto de cogerla del brazo.

Carmen continuaba andando, cada vez más rápido.

Cuando estuvo a su altura, le bloqueó el paso y la agarró por el brazo.

—A ver, tú, zarrapastrosa —le quitó la bolsa y la abrió bruscamente— ¿Qué llevas aquí?

Carmen se dio cuenta de que estaba borracho y sus miedos crecieron. El miliciano, al ver que solo llevaba mendrugos de pan, le tiró la bolsa al suelo y, zalamero, se acercó a ella:

—Eso no me vale pa' na —se acercó más a ella— ¡pero tú sí! —soltó una carcajada, mientras se acercaba más. Ella trataba de esquivarle como podía.
—¡Oye, tú! —dijo una voz— ¡Deja a la chica tranquila!

Dos carros entraban por la calle. Pararon las mulillas y se bajaron acercándose a ellos. El acompañante de aquel miliciano, un muchachito que apenas tendría 15 años, huesudo y acobardado, dio un paso atrás.

Justo, Nati y los otros muchachos se acercaron a ellos, mientras Mercedes corría a socorrer a Carmen. Tiró de ella apartándola de aquel indeseable, recogió su bolsa y la acompañó al carro.

El miliciano les hizo un gesto de desprecio, dando un paso a un lado para continuar su camino y le dijo:

—Carmencita, ya habrá otra ocasión —concluyó con tono burlón mientras se marchaba bajo la atenta mirada de todos ellos.

Se subieron al carro, Mercedes se sentó a su lado y la tapó con una manta. La joven la miraba aún asustada. Retomaron la marcha, esta vez, más lentamente. Las cortinas de las puertas y ventanas se abrían curiosas a su paso. Entonces llegaron, los carros se pararon, y los muchachos empezaron a bajar los aperos, mientras ellas, perdidas en sus pensamientos, aún no se habían atrevido a bajar.

La Ermita del Cristo de la Veracruz, un pequeño refugio que en alguna ocasión Mercedes y su familia habían visitado. Preciosa, artesonada, la Ermita tenía un pequeño cementerio. Nati se acercó al carro y abrió la puerta.

—Señoras —hizo una pausa—, ya estamos.

Mercedes levantó la vista, apretó los parpados y respirando hondo, asintió. Carmen posó su mano en la pierna de Mercedes, con los ojos humedecidos le devolvió el gesto, y puso su mano sobre la de la chiquilla.

Se levantó aturdida, sentía un hormigueo por el cuerpo, podría decirse que estaba hasta mareada. Cogió la mano a Nati y bajó del carro. Carmen la siguió. Mercedes comenzó a andar alrededor de la entrada de aquella santa casa, sin darse cuenta de que la calle se estaba llenando de gente que, curiosa, se aproximaba a ver que estaba sucediendo. Carmen la tomó por la muñeca y, en un susurro, le dijo:

—Es por aquí, señora —Mercedes se resistía a seguirla, pero la acompañó.

Se aproximaron a la tapia del cementerio. Entonces Carmen la soltó, se acercó a Nati y le dijo:

—Nati, ayúdame a buscar la marca.

Nati dejó lo que tenía en las manos y la siguió, arriba y abajo por la tapia del cementerio. El resto de los muchachos se sumaron a la búsqueda, mientras Mercedes, con un nudo en el estómago, los miraba y, de vez en cuando, miraba a su alrededor, donde cada vez más vecinos los acompañaban.

Un anciano se acercó a Mercedes.

—Hija, ¿me recuerdas? —ella se giró, le miraba, pero no le veía, entonces el siguió— Soy Ángel, Merceditas, conocía mucho a su padre y a sus tíos.

Entonces, ella lo volvió a mirar:

—Don Ángel —sus ojos se encharcaron— cómo no me voy a acordar de usted —le dijo con ternura— qué pena que nos encontremos en un momento así.

El anciano asintió.

—Hija, solo quiero decirle —el hombre se tuvo que controlar las lágrimas —que yo estuve con ellos en sus últimos momentos —ella lo miró, se tapó la boca para tratar de controlar el llanto—, fueron hombres muy valientes.

El anciano le acariciaba el brazo con ternura, tratando de consolarla. De pronto, alguien gritó:

—¡Es aquí! ¡La marca está aquí! —repetía cada vez más alto.

Mercedes se sobresaltó y aterrada se volvió en la dirección de la que venía la voz. Su cuerpo no se movía, los pies le pesaban. Ángel la tomó del antebrazo y le dijo:

—Si no puedes, no lo hagas —ella no contestó—. Nosotros te acompañamos.

Asintió, respiró hondo y lentamente se fue acercando sin soltarse del anciano. Por fin llegó a la marca; allí la esperaban todos, listos para empezar a su orden. Se tomó un momento, se santiguó, y entonó una oración. Los muchachos, sorprendidos, se apresuraron a dejar en el suelo todo lo que tenían en las manos, se quitaron sus gorros y sombreros, y comenzaron a rezar. Poco a poco, los vecinos se fueron uniendo, bajo la atenta mirada de algunos milicianos que, curiosos y sorprendidos, trataban de comprender lo que estaba pasando.

La paz cayó sobre ellos. Mercedes, en silencio, se volvió a santiguar, abrió los ojos y, maravillada, observó a todas aquellas personas unidas en oración, entregadas a la misericordia acompañándola en aquella desventura.

En un susurro, se dirigió a Nati:

—Hijo, estamos listos —Nati asintió.

Todos empezaron a cavar. De pronto, Carmen, en voz alta, dijo:

—Están debajo de ocho frailes de sotana marrón.

Aquella afirmación revolvió tanto a Mercedes que tuvo que darse media vuelta, dándoles la espalda. Mirando al suelo, cabeza gacha, dejó que las lágrimas corriesen por sus mejillas. Varias mujeres se le aproximaron tratando de reconfortarla.

El gentío se acercó a ayudar a los muchachos que estaban cuidadosamente removiendo las tierras. La milicia, cada vez más numerosa, los observaba sin atreverse a intervenir.

—¡Alto! —dijo uno de los muchachos.

Todos se pararon y Mercedes apretó los parpados aún más.

—Están aquí —dijo muchacho tratando de mantener la compostura.

Las miradas se clavaron en el suelo, intentando no abrumar a Mercedes que, por fin, se enfrentaría al mayor de sus miedos. Se dio media vuelta y se dirigió a la fosa. Antes de llegar se detuvo, respiró hondo y retomó la marcha. Al borde de la fosa, aún sin mirarles, se giró buscando a Carmen que estaba al otro lado del agujero. Carmen la observaba apenada. Mercedes movió la cabeza y bajó la vista.

Por un segundo su mundo se detuvo. Se aproximó aún más a la fosa, se podía ver las culetas de varias escopetas, las señaló con el dedo. Uno de los muchachos se acercó y, con cuidado, las desenterró. Una tras otra se las fueron pasando, hasta disponerlas a los pies de Mercedes perfectamente alineadas.

Mercedes se agachó, las limpió levemente con la mano. Se arrodilló, las acarició del cañón a la culeta, limpiándolas con cuidado, mientras no dejaba de llorar en silencio. Siguió hasta que sus ojos se posaron en una de ellas, se arrastró para verla más de cerca, volviéndola a acariciar. Respiró profundamente, el silencio se había adueñado de todo y todos los que allí estaban, la observaban en silencio. Las agarró, se las echó al hombro, se levantó con dificultad y, una vez estuvo erguida, dijo:

—¡Llevémoslos a casa!

Capítulo 17. Lo nuestro

—Mercedes, ¿por qué no vas a casa y descansas un rato? —dijo Águeda.

Con el vestido sucio y el pelo despeinado, al pie de la zanja, agachada, estaba asegurándose de que los ataúdes que habían improvisado con maderas de muebles de las casas de todas ellas se cerrasen bien y se marcasen adecuadamente para resguardar en el suyo, a cada uno de los hombres.

Sin mirarla, continúo pasando la mano por los bordes, comprobando que no entrase nada.

—No, Águeda, no puedo, debo asegurarme de que esto se hace bien, para que todas nosotras podamos velarles —levantó la vista—. Esto es importante —concluyó con el gesto muy serio.

Águeda no insistió, la conocía y sabía que nada le haría cambiar de parecer.

—Yo voy a ir a casa a por más maderas que están preparando los muchachos. ¿Necesitas algo?

Sin mirarla, Mercedes negó con la cabeza. A su alrededor solía haber otras viudas también colaborando y laboriosamente preparando telas y cierres que ayudasen a sellar bien las cajas. Por un momento, observó a su alrededor, y vio que estaba sola. La primera vez sola, desde hacía mucho tiempo. Se sentó en el suelo, agarró tierra con las manos, y los buscó con la mirada. Sus cajas aún estaban abiertas. Se acercó, y dispuso un puñado de tierra a los pies de sus cuerpos con delicadeza, tomó aire muy profundo, se dio la vuelta y buscó una tapa con la que sellar su descanso. Se tomó un momento casi sin atreverse a mirarles; estaban tapados y habían conseguido sábanas blancas para arroparles en su descanso. Suavemente pasó la mano por la cabeza de su hermano, se besó la palma y volvió a acariciarle mientras con un susurro le decía "gracias por tanto, hermano, puedes descansar, cuidaremos de ella". Al acercarse a Gregorio, se agachó, tomó un rosario que tenía en el delantal y se lo posó en el pecho. Estaba tranquila, reposada, serena, se besó nuevamente la mano y le acarició lentamente. "Grego, cuánto te echo de menos. Pronto estarás en casa, donde podré mirarte todos los días. Gracias por todo tu amor y dedicación, no caerá en el olvido". Se quedó ahí sentada, a su lado, una última vez.

Estaba anocheciendo y ya habían pasado varios días en el cementerio guardando los cuerpos por temor a que la Milicia los profanase. Las mujeres se turnaban, pero Mercedes no, Mercedes había decidido acompañarlos sin descanso. Por fin, aquella noche, tenían ya todo preparado, las cajas listas, cerradas y selladas, cada una de ellas marcada con su nombre y fecha, y en algunas incluso, algún bordado.

Por allí andaban también chiquillos, que hacían del cementerio su parque de juego muy a pesar de las riñas de sus madres.

—A ver, tú, pequeño saltarín —le dijo Mercedes a un chiquillo que tendría unos 8 años—, deja de subirte por ahí que te vas a caer y ven aquí que tengo que pedirte algo.

El muchacho se bajó avergonzado y con la cabeza gacha, se acercó a Mercedes seguido de un pequeño ejército de niños y niñas de la misma edad.

—Necesito que hagáis algo muy importante —les dijo ella— pero esto es algo apto solo para los más valientes.

Los niños se miraron vivazmente con mucha curiosidad. Sus ojitos muy abiertos, inquietos, se acercaban cada vez más a Mercedes mientras dando saltitos gritaban "yo, yo, yo".

Mercedes sonrió, las madres al oír el revuelo también se aproximaron:

—Mamás, ¿os parece bien que mandemos a estos niños a casa de la tía Águeda? —dijo Mercedes abriendo mucho los ojos pretendiendo hacer partícipes a los pequeños de una aventura importante—. Tienen una misión. En el corral hay un grupo de gallinas que nos esconden los huevos. Al que consiga más huevos, le daremos una cesta de dulces.

Las madres sonreían, mientras los niños hablaban entre sí muy excitados.

—Está bien, os acompañaremos a casa de tía Águeda y os quedareis allí. Seguro que os habrá dejado algo de cena y no le importará que juguéis en el patio —dijo Mercedes.

Los niños saltando a trompicones corrían a la puerta, así que Mercedes se acercó a una joven que tendría cerca de 16 años. Muy seria, le dijo:

—Lo siento querida, no podrás quedarte —la chiquilla miró al suelo apenada—. Ve con ellos, es peligroso que estén solos. No abráis a nadie hasta que lleguemos —la muchacha asentía sin levantar la mirada—, avisa a Águeda y que venga rápido.

Bien mandados, el ejército de pequeños saltarines salió a la carrera por la puerta, custodiado por alguna madre y aquella chiquilla. No pasó mucho tiempo, cuando por fin, la puerta del cementerio se abrió. Ya estaban todas.

Con cuidado introdujeron cada uno de los ataúdes en la fosa, uno al lado del otro, los taparon con tierra y, poco a poco, las mujeres fueron entonando una oración. Aquella melodía embriagaba el ambiente, implorando el perdón para los que les habían hecho aquello. Algunas lloraban, otras simplemente ya no podían llorar más.

La puerta volvió a retumbar, pero esta vez, la cerraban tras de sí. Volvían a casa, era de noche. Qué imagen sombría la de aquellas viudas, vestidas de negro, con el pelo enmarañado, la ropa manchada, las manos y la cara sucias, sus sombras infinitas en el suelo alumbradas por la luz de la luna. Algún candil tímido tintineaba detrás de alguna ventana al verlas pasar. Poco a poco, cada vez eran menos, cada una entraba en su refugio, lista para velar sus miedos.

Mercedes y Águeda llegaron a casa. Ninguna hablaba. Se acercaron a la pila y se lavaron, cambiaron sus ropas y se asearon el pelo. Se miraron y sin aún decirse nada, se tomaron por las manos y simplemente dejaron que el momento las arropase. "Están en casa", murmuró Águeda. Mercedes, con una leve sonrisa teñida de pena, confirmó con un gesto.

Mercedes se tumbó en su cama, le pesaba el cuerpo, por fin podía descansar. Sus párpados se cerraron y cayó en un profundo sueño. Una y otra vez le escuchaba andar por el pasillo de su casa. Sus botas, pisando fuerte. Ella corría detrás de él, pero él no la esperaba. Sobresaltada, se despertó. Era casi de madrugada. Trató de volver a dormirse, pero no podía, así que se enfundó en una toquilla y se dirigió a la cocina a preparar el desayuno. Águeda, que tampoco podía dormir, la escuchó y se acercó a la cocina a ver qué pasaba.

Mercedes, al verla entrar, le tendió una taza de café. Las mujeres se sentaron en el banco de la mesa, tranquilas, sin nada decirse. Entonces, Mercedes, la miró extrañada:

—Hoy he soñado con Grego —le dijo— y me ha dejado muy inquieta.

Águeda la observaba con curiosidad.

—No sé… —siguió Mercedes—. Águeda, creo que es el momento de que vuelva a mi casa.

Águeda abrió los ojos sin atreverse a replicarle nada, esperando lo que Mercedes tenía que decirle.

—Creo que debo recuperar mi casa —repitió, seguido de un sorbo de café.

Se levantó, miró por la ventana. Ya había amanecido y se dirigió al pasillo, donde aún conservaban un reloj que había sido de su madre y que le había regalado a Doroteo.

Marcaban las nueve y cuarto. "¡Que rápido ha pasado el tiempo!", pensó Mercedes

Volvió a la cocina.

—Águeda, voy a ir, y los voy a sacar de mi casa —sentenció.

Se dio media vuelta y, con paso firme, desapareció por el pasillo.

Águeda, aún perpleja, se levantó de un salto y corrió a su alcoba a cambiarse. Cuando fue a la habitación de Mercedes, ésta ya había desaparecido.

Escuchó el golpe de una puerta al cerrarse, miró por la ventana, y la vio andando por la calle, casi lista para doblar la esquina.

Agarró las llaves de su casa, y corrió detrás de ella. Pero Mercedes ya estaba cerca de su casa. Águeda sabía que no podría frenarla, así que llamó a la mujer de su primo Matías.

—Ayúdame, llama a las demás, Mercedes ha ido a su casa —dijo.

La mujer de Matías agarró a sus niñas y corrió a llamar al resto de mujeres horrorizada por lo que pudiese pasar.

La calle se llenó de ancianos, niños y viudas. Águeda corrió tan rápido como pudo, y se paró a su lado. Mercedes estaba seria, tranquila, de pie frente a su casa, con las llaves en la mano. Las dos mujeres se miraron. Cargaba en un hombro la escopeta de su marido y en el otro la de su hermano. Águeda se puso a su lado. Mercedes la miró y, con cuidado, le dio la escopeta de Doroteo.

—Mercedes, yo no sé disparar —dijo Águeda muy asustada.

Mercedes, con tranquilidad, le respondió:

—Querida, no nos hace falta disparar —Águeda frunció el ceño, no lo entendía, pero se la echó al hombro.

Mercedes abrió la puerta y entró. Un sinfín de emociones la abrumaron. Al entrar se dio cuenta que en los casi tres años en los que habían estado ocupando su casa la habían desvalijado: apenas quedaban muebles, tampoco ningún cuadro, ni mucho menos fotografías ni recuerdos. Olía fuertemente a tabaco y alcohol. Recorrieron los pasillos, hasta que lo encontraron, borracho dormitando en la que había sido la habitación de Mercedes y Gregorio, plácidamente dormido en su cama.

Mercedes no se lo pensó, le quitó su escopeta de su alcance, agarró la escopeta de Gregorio, y con la culata, con un golpe seco, lo despertó.

Paco, aturdido, trató de alcanzar la escopeta, pero no lo consiguió. Encañonado por Mercedes, forcejeó con ellas, que se defendieron hasta que lo doblegaron. Algún borracho más se aventuró envalentonado a ver que estaba causando tanto revuelo, pero al ver las dos mujeres llenas de valor, no se atrevieron a intervenir.

La puerta de la casa estaba abierta y, como si de un ejército se tratase, entraron el resto de las viudas armadas con escobas, cacerolas y alguna hasta con algún apero del campo. Tras ellas, ancianos y niños valientes fueron conquistando todas las estancias de la casa. Esos hombrecillos, que no hacía mucho tiempo atrás les habían dado caza como grandes hombres, que habían arado las lindes, que les habían privado de un pedazo de pan con el que alimentar a sus hijos, aquellos eran los mismos hombres que, acobardados, corrían a esconderse en el corral.

Paco las miró colérico. Mercedes bajó el arma y se le acercó:

—Bájate de mi cama, sal de mi casa, vete y no vuelvas por aquí —hizo una pausa—, yo sí te daré el privilegio del que privaste a nuestros hombres.

Un estruendo se escuchó en la calle, seguido de gritos. Los tres, extrañados, se miraron. Paco pareció alegrarse y, zafándose de ellas torpemente, con los pantalones casi en las rodillas y descamisado, alcanzó su escopeta. Las encañonó, sonriente, triunfal, mientras huía por la puerta.

Mercedes y Águeda se miraron, dudando si salir detrás de él. De pronto, se escuchó la voz de Nati gritando:

—¡Señora Mercedes! ¡Señora Águeda! —repetía una y otra vez.

Ellas salieron de la habitación a su encuentro. Asustadas de verle así de excitado, le preguntaron:

—Nati, ¿qué pasa?

Él no contestó, las cogió del brazo y tiró de ellas hasta la puerta.

Como pudieron, llegaron a la puerta de la casa y con miedo, cruzaron el umbral hacia la calle.

Mercedes miró a la izquierda, en dirección a la bodega, y vio aparecer dos aparatos a los que no conseguía poner nombre, dos vehículos grandes con un cañón. Encima de ellos, hombres vestidos de uniforme. A la derecha, subiendo desde las cuatro esquinas, viniendo por la carretera de Mora a Los Yébenes, se escuchaban los cascos de caballos montados por soldados que con determinación se acercaban hondeando una bandera. Los seguían varios carros que fueron tomando la calle. Los milicianos, que hasta aquel momento se habían escondido en el corral, salieron por el portón y, al verlos, se arrodillaron. Paco, que había conseguido escaparse, volvía detrás de los tanques con las manos en la cabeza, escoltado por un grupo de soldados.

Las mujeres, los niños, los ancianos también salieron de la casa, y se acercaron a Mercedes y Águeda, aún sin comprender bien qué estaba pasando. Aquellos enormes vehículos se pararon. Los caballos llegaron hasta allí.

De los carros bajaron más hombres uniformados, mientras de las casas seguían saliendo vecinos asustados. Detrás de aquellos hombres aparecieron algunos de los muchachos más jóvenes que habían conseguido escapar.

Delgados, menudos y algunos hasta enclenques, se acercaban a sus madres, que incrédulas no podían dejar de llorar.

Mercedes, al no ver a su hijo, apretó los labios, y miró al suelo desesperanzada. Águeda la tomó por la mano reconfortándola en su desasosiego. Una lágrima brotó y corrió por su mejilla, con una mezcla agridulce de felicidad por aquellas familias y pena por la suya.

Apareció un hombrecillo menudo, bajó de unos de los caballos y se posicionó delante de aquella muchedumbre. Tocó la trompeta varias veces hasta que todos se callaron. El silencio recorrió toda la plaza. La Iglesia enmarcaba la estampa majestuosa, que terminaba de dibujarse por el castillo al otro lado de la plaza. Había amanecido y suave el sol acariciaba todo lo que iba conquistando a su paso.

—Vecinos de la Villa de Manzaneque —dijo el hombre— ¡la guerra en este pueblo ha terminado!

Capítulo 18. Eterno

—¡Mamá! —dijo mientras corría por las galerías de la casa —¡Mamá, mira!

Dominga entró en la sala de estar, y vio a Mercedes sentada en su butaca al lado de la ventana que daba al corral, mirando hacia la Iglesia. Habían pasado casi dos años desde el día en que había recuperado su casa y desde ese momento no había habido una sola tarde en la que no se tomara un momento para sentarse allí.

Mercedes levantó la vista con curiosidad. Dominga, que se había parado al principio de la estancia, retomó su paso. Esta vez, algo más pausadamente. Cogió una silla de enea, la puso al lado de su madre y se sentó junto a ella. Mercedes miró de nuevo por la ventana. La joven la siguió con la mirada.

Pasaron unos minutos observando en silencio. Dominga se inclinó en dirección a su madre, pero su madre no la miraba. Con voz suave, le dijo:

—Mamá, ya está todo listo —sus ojos brillaban, centelleando fuego.

Mercedes tomó aliento, inundando su pecho y exhaló lentamente. Se giró mirando a su hija y, tranquila, dibujó una leve sonrisa.

Se levantó de la butaca y cuando estaba a punto de salir de la sala, dio media vuelta buscando a su hija, que seguía sentada en la pequeña silla de enea, con las manos entrelazadas. Había cogido el rosario de su madre y, viajando entre sus pensamientos, se había dejado llevar, mientras miraba a través de la ventana.

Mercedes, enternecida, no quiso molestarla, entornó la puerta y continuó por el pasillo en dirección a su habitación.

Se escucharon carcajadas que venían de la galería del fondo. Con curiosidad de ver qué estaba pasando, se asomó y encontró a su hijo Gregorio con varios muchachos del pueblo. Ya habían pasado cinco años desde lo de su padre, y el pequeño Gregorio y sus amigos se habían convertido en adolescentes.

El ahora jovencito había descubierto un traje de luces de su padre. Divertidos, sus amigos se reían de la estampa. Mercedes abrió un poco más la puerta:

—¡Te queda muy bien! —dijo ella, burlona.

Gregorio, al verla, dio un brinco tratando de excusarse como si hubiese hecho algo prohibido:

—Mamá, solo quería probármelo —dijo mientras intentaba quitárselo rápidamente, sin mucho éxito.

Mercedes se acercó a su hijo:

—Yo te ayudo, tranquilo —le frenó con ternura—, algún día te lo pondrás, no te preocupes —él la miraba—. A tu padre le quedaba fenomenal —concluyó con una sonrisa mientras desataba el corsé del traje.

El asentía. El resto de los muchachos, serios, esperaban qué hacer.

Con una amplia sonrisa enternecida los miró mientras negaba con la cabeza:

—Ay señor…venga, tenéis que ir a casa y avisar a las familias. ¡Nos vemos a en punto!

Nerviosos y a trompicones, salieron por la puerta mientras Mercedes terminaba de desanudar el traje, para que Gregorio se pudiese desvestir.

—Hijo, guárdalo con cuidado —le acarició la cara— ahora debes cambiarte. Te esperamos en la entrada.

Llegó a su habitación dispuesta a hacer lo mismo. Sacó un vestido, unas medias, un mantón, unos guantes cortos, se peinó el cabello, se arregló la cara y hasta se perfumó. Sentada en su tocador, por un momento, miró su reflejo en el espejo. Sus cabellos negros ya peinaban canas, su piel, aunque aún tersa, había dejado paso a alguna huella testigo del paso de los años. Sus ojos negros, aún brillantes, se habían ensombrecido un poco. Abrió un cajón, y sacó un taco de cartas atado por un lazo de terciopelo azul.

Cogió una de ellas, la saco del sobre y la desdobló. Al abrirla, cayó una pequeña foto de estudio de Gregorio vestido de traje, elegante con sombrero y un pañuelo de seda en el bolsillo. La acarició entre sus manos mientras un calambre le recorría el cuerpo.

"Que jóvenes éramos", pensó ella al mirarla una vez más.

Su puerta sonó. Ella no la escuchaba, así que alguien volvió a llamar; esta vez, al no obtener respuesta, abrió la puerta.

Al verla, Águeda, con sutileza y casi en un susurro le dijo:

—Mercedes, estamos todos listos —hizo una pausa—. Te estamos esperando.

Mercedes levantó la vista, mirándola a través del espejo. Acarició la foto una vez más con las yemas de sus dedos. Cuidadosamente, la metió junto con la carta en el sobre, la reunió con el resto de los pedazos de historia y la selló con el lazo de terciopelo azul.

Se levantó, se miró una última vez al espejo y se dirigió en dirección a Águeda. Sin articular palabra, las mujeres se miraron un momento antes de salir de la casa.

Podían escuchar el alboroto fuera. Mercedes abrió la puerta de su casa. Águeda la siguió. La calle, estaba repleta de gente, vecinos del pueblo e incluso, familiares y amigos de otros pueblos. Al llegar a la Iglesia, encontró un joven vestido con sotana, y un grupo de muchachos ataviados con instrumentos, dispuestos a acompañar aquel solemne acto con música.

Las viudas, sus hijos y familiares directos esperaban en la entrada. Mercedes y Águeda se taparon el cabello con el mantón de encaje negro y, unidas por aquel hermoso velo, aguardaban. La música empezó a sonar, tímida, al ritmo de los carros que tirados por mulas se aproximaban. El sonido de los cascos retumbaba por toda la plaza hasta que, por fin, se pararon. Un cerrojo chirrió, seguido del crujir de las bisagras que custodiaban la puerta del carruaje. El pequeño Gregorio saltó del lado de su madre y bajó corriendo hacia allí.

Hombres jóvenes y no tan jóvenes coordinaban con solemnidad el momento marcando cada paso con sus voces. Uno a uno, cargaron al hombro las cajas que los resguardaban. El cura entonó un rezo, seguido por un canto, reconfortándoles, cubriéndolo todo a su paso.

Gregorio pasó al lado de su madre, su hermana y su tía, cargando la caja de su padre que venía seguida de la de su tío Doroteo. Con ojos vidriosos, no se atrevió a mirarlas.

Con delicadeza las colocaron a cada uno en su nicho. Durante más de un año Mercedes y Águeda habían mandado construir una ermita en el corral de Mercedes con acceso desde la Iglesia, bajo la atenta mirada del Señor. Se habían encargado de que hubiese acceso directo desde la parroquia para que todos aquellos que quisiesen visitarlos lo pudiesen hacer. Y acceso desde el corral de la casa, para que Mercedes y Águeda pudiesen acompañarlos siempre.

El altar, con imágenes nuevas, frescos en tonos burdeos y dorados, con el artesonado justo, los custodiaba. La sala donde disfrutarían del descanso eterno estaba perfumada con olor a incienso y madera.

Las oraciones se sucedían mientras las mujeres hacían cola para dejar una ofrenda floral en el altar mayor. Todas, menos una. Mercedes, arrodillada en el banco al lado del nicho de su marido y su hermano, aún tapada con su mantón, con las manos entrelazadas, los ojos cerrados, y la cabeza en apuntando al cielo, esperaba paciente.

El bullicio se había ido alejando, la música parecía estar recorriendo las calles del pueblo. Los rezos dieron paso al silencio y las viudas se marcharon. No sin antes haberse acercado a Águeda y Mercedes a darles un beso.

El cura también las dejó y en silencio abandonó la estancia. Águeda se levantó, se besó la mano y acarició el nicho de Doroteo. Mercedes la observaba salir de la capilla, seguida de Dominga, cogidas de la mano, dejándola sola.

Aguardó un instante, se levantó lentamente y con delicadeza acarició las tapas de los nichos que podía alcanzar. Se acercó a la de Gregorio, se arrodilló, posó sus manos sobre ella y la besó.

—Estaré siempre contigo.

Epílogo de la autora

En esta historia hay muchas personas a las que no he podido conocer, pero muchas otras a las que sí he conocido. Todos ellos, sin saberlo, influyeron en mí, y dejaron una huella imborrable que me acompaña a lo largo de mi vida. Enseñanzas y consejos que yo no me cuestionaba, aunque no entendiese de donde venían, y que con el paso del tiempo he comprendido que tenían un mensaje mucho mayor, más profundo. Un mensaje que ha sido capaz de hacerme ver la vida desde un ángulo diferente.

Cuando era pequeña, no era consciente del significado; hasta creía que era normal tener en el corral de casa de mis abuelos, unido a la iglesia, una capilla con difuntos —porque la palabra "mártires", que es como yo escuchaba que los llamaban, ni siquiera alcanzaba a comprender lo que quería decir—.

Podría contar tantas cosas que no tendríamos páginas para todas ellas, así que solo diré que he aprendido algo muy importante de esta historia, algo que solo pudo ser enseñado con un sacrificio tan grande como el que hicieron, tanto ellos, entregando sus vidas, como ellas, cumpliendo sus sueños.

Mercedes, mi bisabuela, vendió parte de las joyas que le quedaban para comprar ganado y simiente, para preparar las viñas, para adquirir maquinaria para la bodega y marcar las lindes para así devolver las tierras a sus propietarios originales, que en aquel entonces no eran más que viudas, ancianos y niños. Gracias a que Águeda y ella escondieron parte de la documentación y escrituras, pudieron documentar la titularidad, recuperando así una gran parte.

Viudas en tiempos de guerra, en un pueblo de "Castilla la Mancha profunda": eso es lo que había en mi pueblo. Mujeres que, hasta que un día sus vidas se truncaron, se habían dedicado a cuidar de sus familias y casas, acompañando a sus fieles compañeros en sus proyectos. Así eran, incluso mi bisabuela Mercedes, pero ella no solo acompañó a su marido y a su hermano, sino que su arrojo y determinación, junto con el apoyo de sus hijos, especialmente de Dominga, la hicieron imparable ante la adversidad. Mercedes fue una mujer emprendedora que se adelantó a su tiempo y fue este gen emprendedor, además de su generosidad, lo que dio trabajo a muchas de las mujeres viudas del pueblo, independientemente del bando al que hubiesen pertenecido sus maridos.

En mi casa no se hablaba de esta historia, simplemente íbamos a la capilla a dejar flores y teníamos la casa llena de fotos antiguas de personas que no conocía. No había rencor, no había odio, simplemente el tiempo se movía ante la atenta mirada de aquellos retratos.

De vez en cuando te encontrabas una carta en un cajón, una foto, o incluso un recorte de periódico. Con los años, la historia se fue dibujando sola y hasta conocí al hijo de uno de los hombres que participó en el fusilamiento de mi bisabuelo Gregorio y de Doroteo. Yo tenía nueve años y recuerdo ese momento como el primer instante en el que fui realmente consciente de que había una historia que nadie quería contar.

Mercedes y Águeda se mantuvieron unidas hasta que fallecieron. Dominga consiguió llegar a su casa pocas semanas después de que Mercedes la recuperase, ajena a lo que estaba sucediendo. Gregorio niño tardó algo más en volver y su prima Hortensia, junto con su pequeño Alejandro, también se quedó con ellos una temporada.

Gregorio niño falleció tristemente años después, con tan solo 25 años, de una enfermedad de corazón que se le complicó con un catarro. Quería ser enólogo, le fascinaba el vino y estaba estudiando para ello. Mi abuela vivió recordándole hasta el final, fue un duro golpe para ella. Aún conservamos sus libros de enología; gran parte de los avances que se hicieron en la época fueron gracias a su curiosidad e ingenio. Esta pasión se la trasladó mi abuela a mi padre, quien continuó con el amor por el vino, formándose y desarrollando sus propios caldos.

Isidro consiguió mantenerse a salvo y lo reclutaron los Nacionales. No volvió a casa hasta pasados unos años. Se casó con una mujer maravillosa, culta, educada y muy cariñosa, con la que tuvo cuatro hijos —Gregorio, Enrique, Mercedes y Elisa— y un nieto —mi primo Kike, hijo de Gregorio—.

Dominga, mi abuela, cogió las riendas del campo, el ganado y la bodega, se casó con mi abuelo Antonio, un hombre increíble, inteligente, bueno y muy trabajador. Mi abuelo había venido de Canals, Valencia, y se había afincado en la zona, siempre se había dedicado al comercio, aunque también tenía experiencia con la mecánica. A pesar de no venir del medio agrícola, aprendió muy rápido y, con su gran ingenio, apoyó a mi abuela para poder sacarlo todo adelante. Juntos hicieron un gran equipo. Tuvieron dos hijos: mi tía Matilde, que a su vez ha tenido tres hijos —Juan, Lucas y Paula— y cinco nietos —Nico, Juanito, Isabel, Jesús y Catalina— y mi padre, Antonio, que nos ha tenido a mi hermana Ana y a mí. A día de hoy, yo tengo a mi pequeñín, Patxi. Mi padre se casó con mi madre, Marisa; su familia es de un pueblo a 12 kilómetros del de mi padre. Una parte importante de los detalles que he tenido me la dio mi bisabuela por parte de madre: Eulampia, o Milli como la llamábamos cariñosamente. Ella también sufrió la pérdida de hermanos, de su marido y sus cuñados a manos de la milicia en las mismas fechas que Mercedes, y una hija de seis años a causa de una enfermedad después de la guerra. Vivió con mi abuela Loli hasta el final y pudimos disfrutarla 97 años.

En este relato hay muchas fechas que no encajan, porque hay algunos datos que han sido contradictorios y difíciles de documentar. Por ejemplo, Mónico, parece ser que no fue ejecutado por arma de fuego, sino por arma blanca, torturado hasta la muerte; su cuerpo fue encontrado en Mora en agosto de 1936. Se dice que lo asesinaron por defender a un cura más joven que era de Manzaneque, quien se salvó y luego fue quien ofició el enterramiento de los hombres en la iglesia.

Las hijas de Matías, primo de Mercedes, crecieron, y una de ellas ha formado parte de la historia viva de esta modesta novela, con anécdotas que me han ayudado a dibujar mejor a los personajes. Me ha transmitido detalles de la vida que tenían antes, durante y después de la guerra, y me ha relatado cómo, unidas, se ayudaron para salir adelante. Ha sido todo un privilegio conocerla y escuchar su historia personal y la de todos sus familiares. Gracias, Puri.

Nati ha sido, es y será para mí parte de mi familia. Durante toda la vida, desde que puedo recordar, nos ha acompañado su viveza, su alegría y su humanidad.

Siempre ha sido generoso, tanto él como toda su familia. Su relato ha sido fundamental, porque me ha ayudado a fijar fechas, hitos en la historia que hasta ahora no tenía claros, así como muchas cuestiones que desconocía. Nati se casó con una mujer fantástica, Carmen, a la que recuerdo con muchísimo cariño. Una de las mejores cosas cuando iba al pueblo era pasarme a verles, Carmen hacía los mejores huevos fritos con pisto que me he comido nunca. Siempre serán una parte importante de nuestra familia.

Mercedes y Águeda rehabilitaron la iglesia y compraron imágenes nuevas para reponer las que la milicia había destrozado. Estas imágenes aún se conservan pintando la estampa de la iglesia de nuestro pueblo.

La etapa que les tocó vivir fue la que el destino tenía preparada para ellas. Yo no me quedo con eso. Me quedo con la iniciativa, con el amor tan soberbio y rotundo con el que se acompañaron hasta el final, con la generosidad a pesar de la adversidad, con esas luces y sombras que han dibujado sus historias, con las enseñanzas y con la pasión y la valentía con la que sacaron adelante a sus familias.

La ventana desde la que Mercedes acompañó a Gregorio hasta su último día sigue en el mismo sitio y todos nosotros tenemos la obligación de mantener viva la esencia para que este sacrificio tan grande nos empuje a ser mejores.

Esto lo escribo para mi hijo, mis sobrinos y los que estén por venir, porque las historias que no se cuentan, no existen. Porque las personas no se mueren si no se olvidan y porque los errores y las victorias hay que tenerlas presentes. Siempre juntos.

Índice

Foto 1. Mercedes antes de casarse

2. Mercedes, Antonina (madre de Gregorio) y Gregorio

Foto 3. Gregorio (sentado abajo) y Doroteo (en la parte superior izquierda) acompañados de un amigo

Mercedes (a la derecha) y Gregorio (a la izquierda) en la boda de Águeda y Doroteo

Foto 5. Trabajadores en la vendimia antes de la guerra

5. *Fotografía del salón de la casa de Gregorio y Mercedes. Era la banda de música*
da por vecinos del pueblo. Gregorio, el tercero desde la izquierda, tiene en sus
un violín. Tocaba varios instrumentos y era un gran amante de la música y el arte

Foto 7. Dominga (de pie), Isidro (sentado en el centro), y Gregorio (detrás de pie a la derecha). Fotografía tomada en el patio interior de la casa

Foto 8. *La ama de los niños con Isidro en brazos. A su lado se encuentra el primer hijo que tuvieron Gregorio y Mercedes, al que también llamaron Gregorio. Falleció con dos años de una enfermedad*

Foto 9. Mercedes y Dominga después de 1939

Foto 10. Dominga de negro de pie a la derecha, con amigas en el campo después de la guerra

*Foto 11. Dominga, a la izquierda, con una amiga. Fotografía
después de la guerra*

Foto 12. Retrato de Dominga

Foto 13. Gregorio hijo en su juventud, poco antes de morir

Foto 14. La familia de Dominga con mi abuelo Antonio, mi tía
Matilde (hija mayor) y mi padre Antonio, Toni (hijo pequeño). De
vacaciones en Santander

europa
ediciones